Lógica de Programação

3ª edição

ANDRÉ LUIZ VILLAR FORBELLONE
HENRI FREDERICO EBERSPÄCHER

Lógica de Programação

A construção de algoritmos e estruturas de dados

3ª edição

PEARSON

Gerente Editorial: Roger Trimer
Gerente de Produção: Heber Lisboa
Editora de Texto: Eugênia Pessotti
Capa: Newton Cezar
Editoração Eletrônica: Figurativa Arte e Projeto Editorial

Dados Internacionais de Catalogação na Publicação (CIP)
(Câmara Brasileira do Livro, SP, Brasil)

Forbellone, André Luiz Villar

Lógica de programação : a construção de algoritmos e estruturas de dados / André Luiz Villar Forbellone, Henri Frederico Eberspächer. – 3. ed. – São Paulo : Prentice Hall, 2005.

ISBN 978-85-7605-024-7

1. Lógica 2. Programação (Computadores eletrônicos) 3. Programação lógica I. Eberspächer, Henri Frederico. II. Título.

05-2072 CDD-005.1

Índices para catálogo sistemático:

1. Lógica de programação : Computadores : Processamento de dados 005.1

9ª reimpressão – abril 2013
Direitos exclusivos para a língua portuguesa cedidos à
Pearson Education do Brasil Ltda.,
uma empresa do grupo Pearson Education
Rua Nelson Francisco, 26
CEP 02712-100 – São Paulo – SP – Brasil
Fone: (11) 2178-8686 – Fax: (11) 2178-8688
vendas@pearson.com

A Angélica, Andressa e Arissa

(ALVF)

A Aline e Matheus

(HFE)

Sumário

PREFÁCIO

Este livro foi concebido para ser utilizado em cursos de técnicas de programação e construção de algoritmos. Dado seu caráter didático, o detalhamento dos assuntos e a abrangência de seu conteúdo, o material é indicado como livro-texto em disciplinas que necessitam de uma ferramenta de apoio pedagogicamente concebida para facilitar o aprendizado de programação. Ele é útil também como fonte de estudo independente e de aprimoramento técnico para profissionais ou interessados em lógica de programação.

Uma das estratégias deste material é abordar os tópicos passo a passo, permitindo uma aprendizagem gradual e consistente. O objetivo é permitir que o leitor se aproprie das técnicas fundamentais e crie uma base sólida em lógica de programação, facilitando na seqüência o aprendizado de tópicos mais complexos, assim como de outras linguagens e de outros paradigmas de programação.

A linguagem empregada no livro é bastante informal e acessível, mas nem por isso menos rigorosa, também são utilizados inúmeros exemplos e analogias provenientes do dia-a-dia para facilitar a explicação dos conceitos e para aproximar os temas abstratos a assuntos ligados ao cotidiano do leitor.

No texto não são utilizados jargões nem referências a arquiteturas de computadores ou a plataformas de desenvolvimento, ou seja, o livro é 'independente de máquina' e voltado para a lógica de programação, conferindo assim um alto grau de acessibilidade para estudantes e iniciantes na programação de computadores. Paradoxalmente, a pseudolinguagem adotada é intencionalmente próxima das linguagens de programação comumente adotadas em escolas e universidades como primeira linguagem, justamente para facilitar posterior tradução e implementação prática.

Este livro é dividido em sete capítulos. Cada capítulo conta com uma série de exercícios de fixação, criada para sedimentar conhecimentos locais ao tópico em discussão, e com uma lista de exercícios propostos, elaborada para tratar de todo o conteúdo do capítulo. Ao final do livro encontra-se um anexo com a solução de todos os exercícios de fixação.

O Capítulo 1 — **Introdução à lógica de programação** — apresenta, por meio de uma abordagem sucinta e natural, os conceitos iniciais que introduzirão o leitor ao contexto do livro. Ele tem como objetivo dar os primeiros passos para a familiarização com a lógica, os algoritmos e seus métodos de construção.

O Capítulo 2 — **Tópicos preliminares** — trata dos conceitos de base que serão empregados ao longo do livro. Nesse capítulo são apresentados os conceitos de tipos, constantes, variáveis, expressões e comandos de entrada e saída.

O Capítulo 3 — **Estruturas de controle** — apresenta em detalhes as estruturas básicas de controle do fluxo de execução de um algoritmo. As estruturas seqüencial, de seleção e de repetição são explicadas minuciosamente, contando com muitos exemplos e exercícios. Esse capítulo é muito importante, pois junto com os dois primeiros, encerra o conhecimento mínimo e indispensável para a construção e o entendimento de algoritmos.

O Capítulo 4 — **Estruturas de dados** — estuda os vetores, matrizes, registros e suas combinações. Esses tipos são utilizados para organizar e manipular um conjunto de dados de forma estruturada. A definição, declaração e manipulação dessas estruturas são exploradas por meio de vários exemplos e exercícios.

O Capítulo 5 — **Arquivos** — explora o conceito de conjunto de registros armazenados na forma de arquivos. Apesar da abordagem tradicional fazer referência aos arquivos computacionais, são focalizadas situações e circunstâncias do cotidiano, o que permite abordar os arquivos seqüenciais, randômicos e indexados de forma natural e acessível.

O Capítulo 6 — **Modularizando algoritmos** — trata da decomposição de um problema complexo em várias partes, cada qual sendo resolvida por meio da construção de um módulo — um subalgoritmo. Neste capítulo são abordados os contextos dos módulos (ação e resultado), escopo de variáveis e passagem de parâmetros.

O Capítulo 7 — **Estruturas de dados avançadas** — apresenta uma noção sobre as estruturas de dados avançadas, como listas, filas, pilhas e árvores. O objetivo deste capítulo é fazer uma introdução ao tema através de seus conceitos e técnicas de base. Um estudo completo e exaustivo do assunto pode ser encontrado em livros específicos da área.

Os três primeiros capítulos são fundamentais para a compreensão e construção de algoritmos básicos. O Capítulo 4 trata das estruturas de dados essenciais para o estudo dos capítulos seguintes e para a elaboração de uma grande quantidade de tipos de algoritmos. Os capítulos 5, 6 e 7 possuem um maior grau de independência e podem ser estudados conforme a necessidade e interesse do leitor.

Nesta terceira edição, o livro conta com uma revisão geral em seu texto, ampliação significativa dos exercícios de fixação e propostos, assim como a resolução de todos os exercícios de fixação no anexo. O novo projeto gráfico inclui a numeração das linhas dos algoritmos (atendendo a pedidos), objetivos de cada capítulo, índice remissivo e lista de algoritmos no final do livro.

Outra grande novidade é que o livro agora tem material de apoio, que pode ser encontrado em www.pearson.com.br/forbellone, no qual o estudante encontrará a solução de exercícios propostos escolhidos e uma lista adicional com outras sugestões de exercícios. No material complementar aos professores estarão disponíveis apresentações em PowerPoint de cada capítulo, para uso em sala de aula.

Esperamos que todo este novo material continue contribuindo decisivamente para a formação do leitor e que seja uma boa opção para os professores de lógica de programação.

Os autores

Introdução à lógica de programação

1

Objetivos

Apresentar os conceitos elementares de lógica e sua aplicação no cotidiano. Definir algoritmo. Estabelecer uma relação entre lógica e algoritmos: a lógica de programação. Exemplificar a aplicação dos algoritmos utilizando situações do dia-a-dia. Comparar as principais formas de representação dos algoritmos.

- Introdução à lógica de programação
- Algoritmizando a lógica
- Conceitos e exemplos de algoritmos
- Noções de fluxos de controle

Noções de lógica

O que é lógica?

O uso corriqueiro da palavra lógica está normalmente relacionado à coerência e à racionalidade. Freqüentemente se associa lógica apenas à matemática, não se percebendo sua aplicabilidade e sua relação com as demais ciências.

Podemos relacionar a lógica com a 'correção do pensamento', pois uma de suas preocupações é determinar quais operações são válidas e quais não são, fazendo análises das formas e leis do pensamento. Como filosofia, ela procura saber por que pensamos assim não de outro jeito. Com arte ou técnica, ela nos ensina a usar corretamente as leis do pensamento.

Poderíamos dizer também que a lógica é a 'arte de bem pensar', que é a 'ciência das formas do pensamento'. Visto que a forma mais complexa do pensamento é o raciocínio, a lógica estuda a 'correção do raciocínio'. Podemos ainda dizer que a lógica tem em vista a 'ordem da razão'. Isso dá a entender que a nossa razão pode funcionar desordenadamente. Por isso, a lógica estuda e ensina a colocar 'ordem no pensamento'.

Exemplos

a. Todo mamífero é um animal.
Todo cavalo é um mamífero.
Portanto, todo cavalo é um animal.

b. Kaiton é país do planeta Stix.
Todos os Xinpins são de Kaiton.
Logo, todos os Xinpins são Stixianos.

Esses exemplos ilustram silogismos, que no estudo da Lógica Proposicional (ou Cálculo Sentencial) representam um argumento composto de duas premissas e uma conclusão; e está estabelecendo uma relação, que pode ser válida ou não. Esse é um dos objetivos da lógica, o estudo de técnicas de formalização, dedução e análise que permitam verificar a validade de argumentos. No caso dos exemplos, ambos são válidos.

Devemos ressaltar que, apesar da aparente coerência de um encadeamento lógico, ele pode ser válido ou não em sua estrutura. Nesse sentido, a lógica também objetiva a criação de uma representação mais formal, que se contrapõe à linguagem natural, que é suscetível a argumentações informais.

Existe lógica no dia-a-dia?

Sempre que pensamos, a lógica ou a ilógica necessariamente nos acompanham. Quando falamos ou escrevemos, estamos expressando nosso pensamento, logo, precisamos usar a lógica nessas atividades. Podemos perceber a importância da lógica em nossa vida, não só na teoria, como na prática, já que, quando queremos pensar, falar, escrever ou agir corretamente, precisamos colocar 'ordem no pensamento', isto é, utilizar lógica.

Exemplos

a. A gaveta está fechada.
A caneta está dentro da gaveta.
Precisamos primeiro abrir a gaveta para depois pegar a caneta.

b. Anacleto é mais velho que Felisberto.
Felisberto é mais velho que Marivaldo.
Portanto, Anacleto é mais velho que Marivaldo.

Mas e a lógica de programação?

Significa o uso correto das leis do pensamento, da 'ordem da razão' e de processos de raciocínio e simbolização formais na programação de computadores, objetivando a racionalidade e o desenvolvimento de técnicas que cooperem para a produção de soluções logicamente válidas e coerentes, que resolvam com qualidade os problemas que se deseja programar.

O raciocínio é algo abstrato, intangível. Os seres humanos têm a capacidade de expressá-lo através da palavra falada ou escrita, que por sua vez se baseia em um determinado idioma, que segue uma série de padrões (gramática). Um mesmo raciocínio pode ser expresso em qualquer um dos inúmeros idiomas existentes, mas continuará representando o mesmo raciocínio, usando apenas outra convenção.

Algo similar ocorre com a Lógica de Programação, que pode ser concebida pela mente treinada e pode ser representada em qualquer uma das inúmeras linguagens de programação existentes. Essas, por sua vez, são muito atreladas a uma grande diversidade de detalhes computacionais, que pouco têm a ver com o raciocínio original. Para escapar dessa torre de Babel e, ao mesmo tempo, representar mais fielmente o raciocínio da Lógica de Programação, utilizamos os Algoritmos.

O QUE É UM ALGORITMO?

O objetivo principal do estudo da Lógica de Programação é a construção de algoritmos coerentes e válidos. Mas o que é um algoritmo?

Um **algoritmo** pode ser definido como uma seqüência de passos que visam a atingir um objetivo bem definido.

Na medida em que precisamos especificar uma seqüência de passos, é necessário utilizar ordem, ou seja, 'pensar com ordem', portanto precisamos utilizar lógica.

Apesar do nome pouco usual, algoritmos são comuns em nosso cotidiano, como, por exemplo, uma receita de bolo. Nela está descrita uma série de ingredientes necessários e uma seqüência de diversos passos (ações) que devem ser fielmente cumpridos para que se consiga fazer o alimento desejado, conforme se esperava antes do início das atividades (objetivo bem definido).

Quando elaboramos um algoritmo, devemos especificar ações claras e precisas, que a partir de um estado inicial, após um período de tempo finito, produzem um estado final previsível e bem definido. Isso significa que o algoritmo fixa um padrão de comportamento a ser seguido, uma norma de execução a ser trilhada, com vistas a alcançar, como resultado final, a soluçao de um problema, garantindo que sempre que executado, sob as mesmas condições, produza o mesmo resultado.

ALGORITMIZANDO A LÓGICA

POR QUE É IMPORTANTE CONSTRUIR UM ALGORITMO?

Um algoritmo tem por objetivo representar mais fielmente o raciocínio envolvido na Lógica de Programação e, dessa forma, permite-nos abstrair de uma série de detalhes computacionais, que podem ser acrescentados mais tarde. Assim, podemos focalizar nossa atenção naquilo que é importante: a lógica da construção de algoritmos.

Outra importância da construção dos algoritmos é que uma vez concebida uma solução algorítmica para um problema, esta pode ser traduzida para qualquer linguagem de programação e ser agregada das funcionalidades disponíveis nos diversos ambientes; costumamos denominar esse processo de codificação.

VAMOS A UM EXEMPLO?

Podemos escrever um primeiro algoritmo de exemplo, utilizando português coloquial, que descreva o comportamento na resolução de um determinada atividade, como, por exemplo, a troca de uma lâmpada. Apesar de aparentemente óbvia demais, muitas vezes realizamos esse tipo de atividade inconscientemente, sem percebermos seus pequenos detalhes, que são as ações que nos levam a alcançar o objetivo proposto.

Vejamos esse primeiro algoritmo, descrito passo a passo:

ALGORITMO 1.1 Troca de lâmpada

- `pegar uma escada;`
- `posicionar a escada embaixo da lâmpada;`
- `buscar uma lâmpada nova;`
- `subir na escada;`
- `retirar a lâmpada velha;`
- `colocar a lâmpada nova.`

Involuntariamente, já seguimos uma determinada **seqüência** de ações que, representadas nesse algoritmo, fazem com que ele seja seguido naturalmente por qualquer pessoa, estabelecendo um padrão de comportamento, pois qualquer pessoa agiria da mesma maneira.

A **seqüenciação** é uma convenção com o objetivo de reger o fluxo de execução do algoritmo, determinando qual a primeira ação a ser executada e qual ação vem a seguir. Nesse caso, a seqüência é linear, de cima para baixo, assim como é a seqüência pela qual lemos um texto, de cima para baixo e da esquerda para a direita.

Reexaminando o algoritmo anterior, notamos que ele tem um objetivo bem definido: trocar uma lâmpada. Porém, e se a lâmpada não estivesse queimada? A execução das ações conduziria a uma troca, independentemente de a lâmpada estar ou não queimada, porque não foi prevista essa possibilidade em sua construção.

Para solucionar essa necessidade, podemos efetuar um teste, a fim de verificar se a lâmpada está ou não queimada. Uma solução para esse novo algoritmo seria:

ALGORITMO 1.2 Troca de lâmpada com teste

- `pegar uma escada;`
- `posicionar a escada embaixo da lâmpada;`
- `buscar uma lâmpada nova;`
- `acionar o interruptor;`
- `se a lâmpada não acender, então`
  - `subir na escada;`
  - `retirar a lâmpada queimada;`
  - `colocar a lâmpada nova.`

Agora estamos ligando algumas ações à condição `lâmpada não acender`, ou seja, se essa condição for verdadeira (lâmpada queimada) efetuaremos a troca da lâmpada, seguindo as próximas ações:

- `subir na escada;`
- `retirar a lâmpada queimada;`
- `colocar a lâmpada nova.`

Se a condição `lâmpada não acender` for falsa (a lâmpada está funcionando), as ações relativas à troca da lâmpada não serão executadas, e a lâmpada (que está em bom estado) não será trocada.

O que ocorreu nesse algoritmo foi a inclusão de um teste **seletivo**, através de uma condição que determina qual ou quais ações serão executadas (note que anteriormente, no **Algoritmo 1.1**, todas as ações eram executadas), dependendo da inspeção da condição resultar em verdadeiro ou falso.

Esse algoritmo está correto, uma vez que atinge seu objetivo, porém, pode ser melhorado, uma vez que buscamos uma escada e uma lâmpada sem saber se serão necessárias. Mudemos então o teste condicional `se a lâmpada não acender` para o início da seqüência de ações:

ALGORITMO 1.3 Troca de lâmpada com teste no início

```
• acionar o interruptor;
• se a lâmpada não acender, então
  • pegar uma escada;
  • posicionar a escada embaixo da lâmpada;
  • buscar uma lâmpada nova;
  • acionar o interruptor;
  • subir na escada;
  • retirar a lâmpada queimada;
  • colocar a lâmpada nova.
```

Observe que, agora, a ação `acionar o interruptor` é a primeira do algoritmo e a condição `lâmpada não acender` já é avaliada. Nesse caso, `pegar uma escada` até `colocar a lâmpada nova` dependem de a lâmpada estar efetivamente queimada. Há muitas formas de resolver um problema, afinal cada pessoa pensa e age de maneira diferente, cada indivíduo tem uma heurística própria. Isso significa que, para esse mesmo problema de trocar lâmpadas, poderíamos ter diversas soluções diferentes e corretas (se atingissem o resultado desejado de efetuar a troca), portanto, o bom senso e a prática de lógica de programação é que indicarão qual a solução mais adequada, que com menos esforço e maior objetividade produzirá o resultado almejado.

A solução apresentada no **Algoritmo 1.3** é aparentemente adequada, porém não prevê a possibilidade de a lâmpada nova não funcionar e, portanto, não atingir o objetivo nessa situação específica. Podemos fazer um refinamento, uma melhoria no algoritmo, de tal modo que se troque a lâmpada diversas vezes, se necessário, até que funcione. Uma solução seria:

ALGORITMO 1.4 Troca de lâmpada com teste e repetição indefinida

```
• acionar o interruptor;
• se a lâmpada não acender, então
  • pegar uma escada;
  • posicionar a escada embaixo da lâmpada;
  • buscar uma lâmpada nova;
```

(Continua)

```
• acionar o interruptor;
• subir na escada;
• retirar a lâmpada queimada;
• colocar a lâmpada nova;
• se a lâmpada não acender, então
  • retirar a lâmpada queimada;
  • colocar outra lâmpada nova;
  • se a lâmpada não acender, então
    • retirar a lâmpada queimada;
    • colocar outra lâmpada nova;
    • se a lâmpada não acender, então
      • retirar a lâmpada queimada;
      • colocar outra lâmpada nova;
                .
                .
                .
      Até quando?
```

Notamos que o **Algoritmo 1.4** não está terminado, falta especificar até quando será feito o teste da lâmpada. As ações cessarão quando conseguirmos colocar uma lâmpada que acenda; caso contrário, ficaremos testando indefinidamente (note que o interruptor continua acionado!). Essa solução está mais próxima do objetivo, pois garante que a lâmpada acenda novamente, ou melhor, que seja trocada com êxito, porém, temos o problema de não saber o número exato de testes das lâmpadas.

Observemos que o teste da lâmpada nova é efetuado por um mesmo conjunto de ações:

```
• se a lâmpada não acender, então
  • retirar a lâmpada queimada;
  • colocar uma lâmpada nova.
```

Portanto, em vez de reescrevermos várias vezes esse conjunto de ações, podemos alterar o fluxo seqüencial de execução de forma que, após executada a ação `colocar outra lâmpada nova`, voltemos a executar o teste `se a lâmpada não acender`, fazendo com que essas ações sejam executadas o número de vezes necessário sem termos de reescrevê-las.

Precisamos, então, expressar essa repetição da ação sem repetir o texto que representa a ação, assim como determinar um limite para tal repetição, com o objetivo de garantir uma **condição de parada**, ou seja, que seja cessada a atividade de testar a lâmpada nova quando ela já estiver acesa. Uma solução seria:

```
• enquanto a lâmpada não acender, faça
  • retirar a lâmpada queimada;
  • colocar uma lâmpada nova.
```

A condição `lâmpada não acender` permaneceu e estabelecemos um fluxo repetitivo que será finalizado assim que a condição de parada for falsa, ou seja, assim que a lâmpada acender. Percebemos que o número de repetições é **indefinido**, porém é **finito**, e que depende apenas da condição estabelecida, o que leva a repetir as ações até alcançar o objetivo: trocar a lâmpada queimada por uma que funcione. O novo algoritmo ficaria:

ALGORITMO 1.5 Troca de lâmpada com teste e condição de parada

```
• acionar o interruptor;
• se a lâmpada não acender, então
  • pegar uma escada;
  • posicionar a escada embaixo da lâmpada;
  • buscar uma lâmpada nova;
  • acionar o interruptor;
  • subir na escada;
  • retirar a lâmpada queimada;
  • colocar uma lâmpada nova;
  • enquanto a lâmpada não acender, faça
    • retirar a lâmpada queimada;
    • colocar uma lâmpada nova;
```

Até agora estamos efetuando a troca de uma única lâmpada, na verdade estamos testando um soquete (acionado por um interruptor), trocando tantas lâmpadas quantas forem necessárias para assegurar que o conjunto funcione. O que faríamos se tivéssemos mais soquetes a testar, por exemplo, dez soquetes?

A solução aparentemente mais óbvia seria repetir o algoritmo de uma única lâmpada para os dez soquetes existentes, ficando algo como:

ALGORITMO 1.6 Troca de lâmpada com teste para 10 soquetes

```
• acionar o interruptor do primeiro soquete;
• se a lâmpada não acender, então
  • pegar uma escada;
  • posicionar a escada embaixo da lâmpada;
  • buscar uma lâmpada nova;
  • acionar o interruptor;
  • subir na escada;
  • retirar a lâmpada queimada;
  • colocar uma lâmpada nova;
  • enquanto a lâmpada não acender, faça
    • retirar a lâmpada queimada;
    • colocar uma lâmpada nova;
• acionar o interruptor do segundo soquete;
• se a lâmpada não acender, então
    • pegar uma escada;
    • posicionar a escada embaixo da lâmpada;
                .
                .
                .
• acionar o interruptor do terceiro soquete;
• se a lâmpada não acender, então
```

(Continua)

```
.
.
.
• acionar o interruptor do quarto soquete;
.
.
.
• acionar o interruptor do décimo soquete;
.
.
.
```

Observamos que o **Algoritmo 1.6** é apenas um conjunto de dez repetições do **Algoritmo 1.5**, uma vez para cada soquete, havendo a repetição de um mesmo conjunto de ações por um número definido de vezes: dez. Como o conjunto de ações que foram repetidas é exatamente igual, poderíamos alterar o fluxo seqüencial de execução de modo a fazer com que ele voltasse a executar o conjunto de ações relativas a um único soquete (**Algoritmo 1.5**) tantas vezes quantas fossem desejadas. Uma solução para dez soquetes seria:

ALGORITMO 1.7 Troca de lâmpada com teste para 10 soquetes com repetição

```
• ir até o interruptor do primeiro soquete;
• enquanto a quantidade de soquetes testados for menor que dez, faça
  • acionar o interruptor;
  • se a lâmpada não acender, então
    • pegar uma escada;
    • posicionar a escada embaixo da lâmpada;
    • buscar uma lâmpada nova;
    • acionar o interruptor;
    • subir na escada;
    • retirar a lâmpada queimada;
    • colocar uma lâmpada nova;
    • enquanto a lâmpada não acender, faça
      • retirar a lâmpada queimada;
      • colocar uma lâmpada nova;
• ir até o interruptor do próximo soquete;
```

Quando a condição `quantidade de soquetes testados for menor que dez` for verdadeira, as ações responsáveis pela troca ou não de um único soquete serão executadas. Caso a condição de parada seja falsa, ou seja, todos os dez soquetes já tiverem sido testados, nada mais será executado.

Todo o exemplo foi desenvolvido a partir do problema de descrevermos os passos necessários para efetuar a troca de uma lâmpada, ou seja, construir um **algoritmo** para esse fim.

Inicialmente, tínhamos um pequeno conjunto de ações que deveriam ser executadas, todas passo a passo, uma após a outra, compondo uma ordem seqüencial de execução, a estrutura **seqüencial**.

Notamos que nem sempre todas as ações previstas deveriam ser executadas. Tal circunstância sugeriu que um determinado conjunto de ações fosse evitado, selecionando conforme o resultado de uma determinada condição. Construímos, assim, uma **estrutura seletiva** através de um **teste condicional** que permitia ou não que o fluxo de execução passasse por um determinado conjunto de ações.

Quando deparamos com a inviabilidade da aplicação da estrutura de seleção para a verificação do êxito na troca da lâmpada, precisamos repetir um mesmo trecho do algoritmo, o que foi realizado alterando-se o fluxo de execução de modo que ele passasse pelo mesmo trecho diversas vezes, enquanto a condição não fosse satisfeita; agimos de forma semelhante na situação de trocar dez lâmpadas, construindo uma **estrutura de repetição**.

Devemos ressaltar que qualquer pessoa, fundamentada na própria experiência, seria capaz de resolver o problema na prática, envolvendo inclusive circunstâncias inusitadas que pudessem surgir. Contudo, um programa de computador tradicional não tem conhecimento prévio nem adquire experiências, o que implica que devemos determinar em detalhes todas as ações que ele deve executar, prevendo todos os obstáculos e a forma de transpô-los, isto é, descrever uma seqüência finita de passos que garantam a solução do problema. Tal atividade é realizada pelos **programadores**, que podemos chamar de **construtores de algoritmos**.

De que maneira representaremos o algoritmo?

Convém enfatizar mais uma vez que um algoritmo é uma linha de raciocínio, que pode ser descrito de diversas maneiras, de forma gráfica ou textual.

Os algoritmos representados até o momento estavam em forma textual, usando português coloquial.

As formas gráficas são mais puras por serem mais fiéis ao raciocínio original, substituindo um grande número de palavras por convenções de desenhos. Para fins de ilustração mostraremos como ficaria o **Algoritmo 1.7** representado graficamente em um fluxograma tradicional (**Algoritmo 1.8**) e em um Chapin (**Algoritmo 1.9**).

Cada uma dessas técnicas tem suas vantagens e desvantagens particulares. Porém, podemos perceber que ambas permitem um nível grande de clareza quanto ao fluxo de execução. Contudo, deve ser menos fácil entender essas representações do que a do **Algoritmo 1.7** em sua forma textual. Isso ocorre porque é necessário conhecer as convenções gráficas de cada uma dessas técnicas, que apesar de simples não são naturais, pois estamos mais condicionados a nos expressar por palavras.

Outra desvantagem é que sempre se mostra mais trabalhoso fazer um desenho do que escrever um texto, mesmo considerando o auxílio de réguas e moldes. A problemática é ainda maior quando é necessário fazer alguma alteração ou correção no desenho. Esses fatores podem desencorajar o uso de representações gráficas e, algumas vezes, erroneamente, a própria construção de algoritmos.

Assim, justificamos a opção pelos métodos textuais, que, apesar de menos puros, são mais naturais e fáceis de usar.

ALGORITMO 1.8 Fluxograma

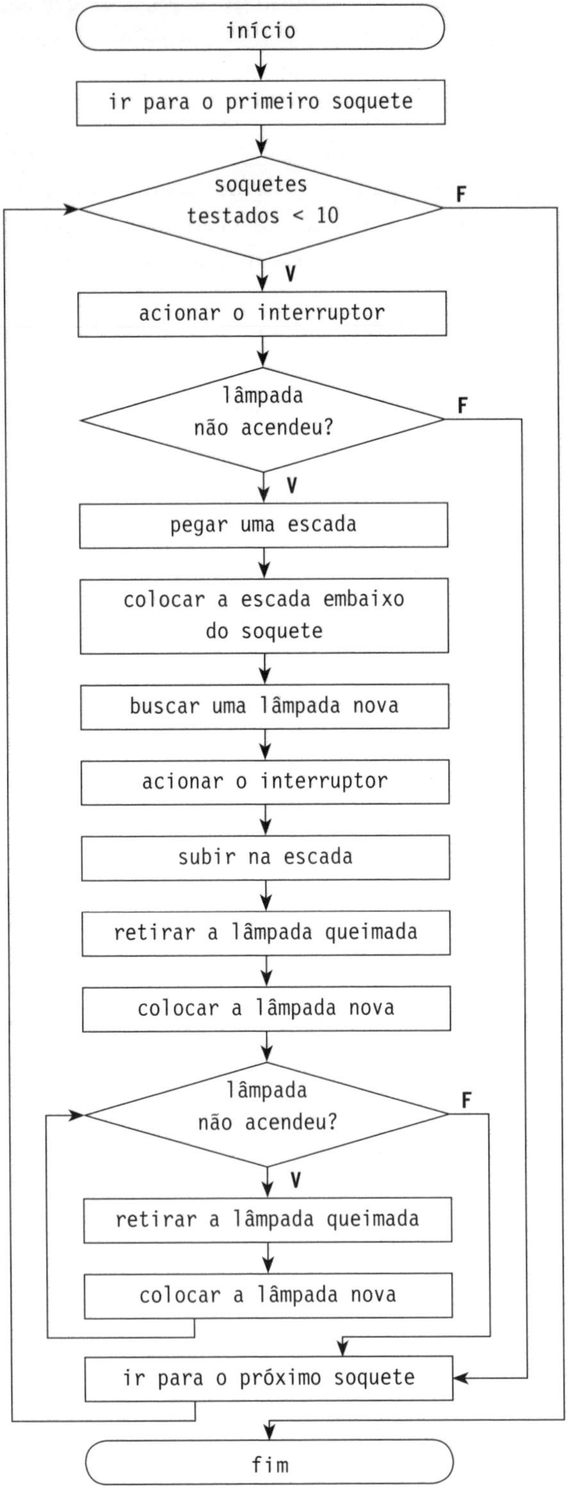

ALGORITMO 1.9 Diagrama de Chapin

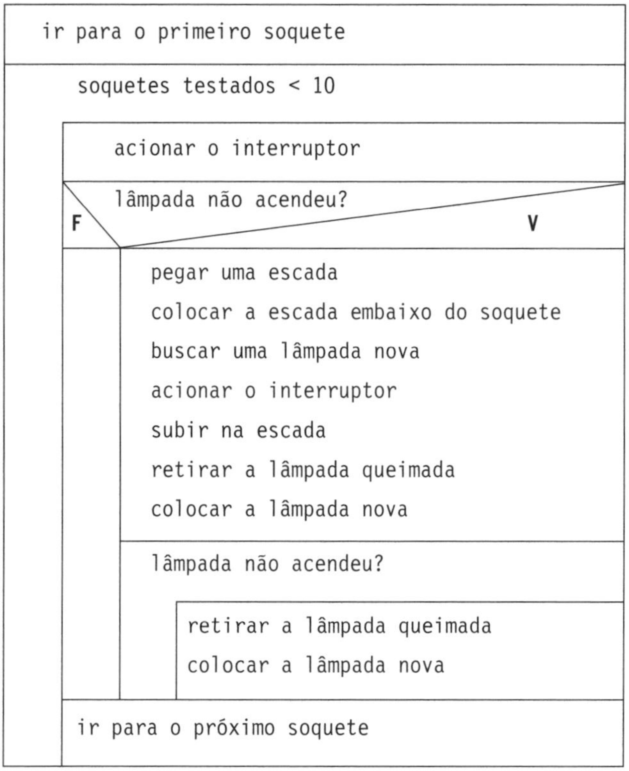

Para representar textualmente algoritmos usaremos o português, como já vínhamos utilizando. Todavia, não poderíamos utilizar toda a riqueza gramatical de nossa língua pátria. Discorremos sobre pelo menos um bom e claro motivo: a ambigüidade.

Vejamos a seguinte frase: "O pregador foi grampeado durante o conserto". Esse exemplo, quando falado, pode ter até oito sentidos diferentes, uma vez que pregador pode ser um religioso que prega a palavra de Deus ou um prendedor de roupas; grampeado pode se tratar de uma escuta telefônica ou do grampo que une folhas de papel; conserto, quando pronunciado, pode se tratar de uma apresentação musical ou da manutenção em algum objeto. Conseguiríamos até distinguir qual dos oito sentidos diferentes se aplicaria, caso avaliássemos a sentença dentro de seu contexto. Entretanto, o computador é desprovido do raciocínio necessário para interpretar a frase.

Para evitar esse e outros problemas, utilizaremos um conjunto de regras que visam restringir e estruturar o uso do português na representação dos algoritmos e que, intencionalmente, se aproximam da maneira pela qual o fazem as linguagens de programação reais (como C e Pascal), com a finalidade de facilitar a futura codificação dos algoritmos.

Até então, já sabemos o que é um algoritmo e já estamos aptos a escrever algoritmos (e resolver os exercícios do capítulo). A partir do próximo capítulo agregaremos alguns conceitos e estabeleceremos o conjunto de regras de escrita de nosso português estruturado.

Exercícios de fixação I

1.1 Três senhoras – dona Branca, dona Rosa e dona Violeta – passeavam pelo parque quando dona Rosa disse:

– Não é curioso que estejamos usando vestidos de cores branca, rosa e violeta, embora nenhuma de nós esteja usando um vestido de cor igual ao seu próprio nome?

– Uma simples coincidência – respondeu a senhora com o vestido violeta.

Qual a cor do vestido de cada senhora ?

1.2 Um homem precisa atravessar um rio com um barco que possui capacidade apenas para carregar ele mesmo e mais uma de suas três cargas, que são: um lobo, um bode e um maço de alfafa. O que o homem deve fazer para conseguir atravessar o rio sem perder suas cargas? Escreva um algoritmo mostrando a resposta, ou seja, indicando todas as ações necessárias para efetuar uma travessia segura.

1.3 Elabore um algoritmo que mova três discos de uma Torre de Hanói, que consiste em três hastes (*a* – *b* – *c*), uma das quais serve de suporte para três discos de tamanhos diferentes (1 – 2 – 3), os menores sobre os maiores. Pode-se mover um disco de cada vez para qualquer haste, contanto que nunca seja colocado um disco maior sobre um menor. O objetivo é transferir os três discos para outra haste.

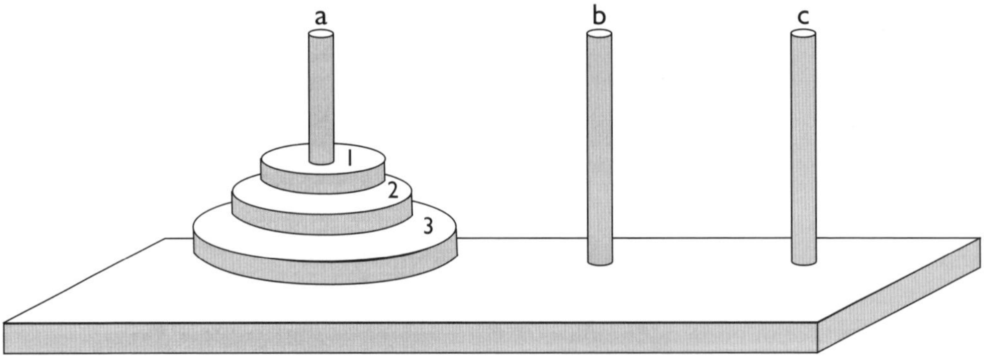

1.4 Três jesuítas e três canibais precisam atravessar um rio; para tal, dispõem de um barco com capacidade para duas pessoas. Por medida de segurança, não se deve permitir que em alguma margem a quantidade de jesuítas seja inferior à de canibais. Qual a solução para efetuar a travessia com segurança? Elabore um algoritmo mostrando a resposta, indicando as ações que concretizam a solução deste problema.

EXERCÍCIOS PROPOSTOS

1. No torneio de atletismo, Barnabé, Gumercindo e Teodoro participaram das provas de 100 metros rasos, salto em distância e arremesso de dardo. Cada um deles conseguiu um primeiro lugar, um segundo e um terceiro. Descubra o que cada um conquistou, sabendo que:

a) Gumercindo venceu Barnabé no salto em distância;
b) Teodoro chegou atrás de Gumercindo no arremesso de dardo;
c) Barnabé não chegou em primeiro nos 100 metros rasos.

2. João tem três barris. No barril A, que está vazio, cabem 8 litros. No barril B, 5. No barril C, 3 litros. Que deve ele fazer para deixar os barris A e B com 4 litros cada e o C vazio?

3. Tendo como exemplo os algoritmos desenvolvidos para solucionar o problema da troca de lâmpadas, elabore um algoritmo que mostre os passos necessários para trocar um pneu furado. Considere o seguinte conjunto de situações:

a) trocar o pneu traseiro esquerdo;
b) trocar o pneu traseiro esquerdo e, antes, verificar se o pneu reserva está em condições de uso;
c) verificar se existe algum pneu furado; se houver, verificar o pneu reserva e, então, trocar o pneu correto.

Para cada algoritmo faça um refinamento do anterior, introduzindo novas ações e alterando o fluxo de execução de forma compatível com as situações apresentadas.

4. A partir do Exercício de fixação 1.3 (resolvido no Anexo 1), amplie a solução apresentada de maneira a completar a operação descrita, de troca dos discos da torre A para a torre B, considerando a existência de 4 discos.

5. Considere que uma calculadora comum, de quatro operações, está com as teclas de divisão e multiplicação inoperantes. Escreva algoritmos que resolvam as expressões matemáticas a seguir usando apenas as operações de adição e subtração.

a) 12×4
b) 23×11
c) $10 \div 2$
d) $175 \div 7$
e) 2^8

RESUMO

Neste capítulo vimos que a **lógica** se relaciona com a 'ordem da razão', com a 'correção do pensamento', e que é necessário utilizar processos lógicos de programação para construir algoritmos. Mostramos que um **algoritmo** é uma seqüência de passos bem definidos que têm por objetivo solucionar um determinado problema.

Através do exemplo das lâmpadas introduzimos o conceito de controle do **fluxo de execução** e mostramos a estrutura seqüencial, de repetição e de seleção. A **estrutura seqüencial** significa que o algoritmo é executado passo a passo, seqüencialmente, da primeira à última ação. A **estrutura de seleção** permite que uma ação seja ou não executada, dependendo do valor resultante da inspeção de uma condição. A **estrutura de repetição** permite que trechos de algoritmos sejam repetidos até que uma condição seja satisfeita ou enquanto uma condição não estiver satisfeita.

TÓPICOS PRELIMINARES

2

Objetivos

Apresentar os tipos básicos de dados a serem adotados. Definir constantes e variáveis, explicando sua utilização. Explicar as expressões aritméticas e lógicas. Conceituar o processo de atribuição. Apresentar a importância e a aplicação dos comandos de entrada e saída. Conceituar blocos lógicos.

- Tipos primitivos
- Variáveis
- Expressões aritméticas, lógicas e relacionais
- Comandos de entrada e saída
- Blocos

TIPOS PRIMITIVOS

Para entender os tipos primitivos, voltemos nossa atenção para um conceito muito importante: a Informação.

Informação é a matéria-prima que faz com que seja necessária a existência dos computadores, pois eles são capazes de manipular e armazenar um grande volume de dados com alta performance, liberando o homem para outras tarefas nas quais seu conhecimento é indispensável. Devemos observar que existe uma tênue diferença entre dado e informação. Por exemplo, ao citarmos uma data, como 21 de setembro, estamos apresentando um dado; ao dizermos que esse é o Dia da Árvore, estamos agregando valor ao dado data, apresentando uma informação.

Aproximando-nos da maneira pela qual o computador manipula as informações, vamos dividi-las em quatro tipos primitivos, que serão os tipos básicos que usaremos na construção de algoritmos.

Inteiro: toda e qualquer informação numérica que pertença ao conjunto dos números inteiros relativos (negativa, nula ou positiva).

Exemplos

Vejamos algumas proposições declarativas comuns em que é usado o tipo inteiro:

a. Ele tem *15* irmãos.
b. A escada possui *8* degraus.
c. Meu vizinho comprou *2* carros novos.

Enfatizando o conceito de dado, vale observar, por exemplo, o item b: 8 é um dado do tipo inteiro e a informação é associar que 8 é o número de degraus da escada.

Real: toda e qualquer informação numérica que pertença ao conjunto dos números reais (negativa, nula ou positiva).

Exemplos

a. Ela tem *1,73* metro de altura.
b. Meu saldo bancário é de *$ 215,20.*
c. No momento estou pesando *82,5* kg.

Caracter: toda e qualquer informação composta de um conjunto de caracteres alfanuméricos: numéricos (0...9), alfabéticos (A...Z, a...z) e especiais (por exemplo, #, ?, !, @).

Exemplos

a. Constava na prova: "*Use somente caneta!*".
b. O parque municipal estava repleto de placas: "*Não pise na grama*".
c. O nome do vencedor é *Felisberto Laranjeira.*

Lógico: toda e qualquer informação que pode assumir apenas duas situações (biestável).

Exemplos

a. A porta pode estar *aberta* ou *fechada.*
b. A lâmpada pode estar *acesa* ou *apagada.*

Exercício de fixação 1

1.1 Determine qual é o tipo primitivo de informação presente nas sentenças a seguir:

a) A placa "*Pare!*" tinha 2 furos de bala.

b) Josefina subiu 5 degraus para pegar uma maçã boa.

c) Alberta levou 3,5 horas para chegar ao hospital onde concebeu uma garota.

d) Astrogilda pintou em sua camisa: "*Preserve o meio ambiente*", e ficou devendo $ 100,59 ao vendedor de tintas.

e) Felisberto recebeu sua 18ª medalha por ter alcançado a marca de 57,3 segundos nos 100 metros rasos.

Constantes

Entendemos que um dado é constante quando não sofre nenhuma variação no decorrer do tempo, ou seja, seu valor é constante desde o início até o fim da execução do algoritmo, assim como é constante para execuções diferentes no tempo.

Para diferenciar os dados constantes de tipo caracter dos outros tipos, usaremos aspas duplas (" ") para delimitá-los.

Convencionaremos que as informações do tipo lógico poderão assumir um dos seguintes valores constantes: **verdade** (V) ou **falsidade** (F).

Exemplos

5, "*Não fume*", 2527, – 0.58, V

Variável

Um dado é classificado como variável quando tem a possibilidade de ser alterado em algum instante no decorrer do tempo, ou seja, durante a execução do algoritmo em que é utilizado, o valor do dado sofre alteração ou o dado é dependente da execução em um certo momento ou circunstância.

Exemplo

A cotação do dólar, o peso de uma pessoa, o índice da inflação.

Um exemplo para ilustrar a diferença entre valores constantes e variáveis seria a construção de um algoritmo para calcular o valor da área de uma circunferência. Naturalmente, teríamos de usar a fórmula que expressa que área é igual a πr^2, na qual π tem valor **constante** de **3,1416**..., independente de qual seja a circunferência (vale para todas as ocasiões em que calcularmos a área); já o valor de **r**, que representa o **raio**, é dependente da circunferência que estamos calculando, logo é **variável** a cada execução do algoritmo.

Formação de identificadores

Vamos supor que, ao fazer um contrato de locação de imóvel, não possamos utilizar um valor fixo em moeda corrente como base para o reajuste do contrato, pois com o passar do tempo esse valor estaria defasado. Para resolver esse problema, poderíamos utilizar um parâmetro que fornecesse valores atualizados em moeda corrente para cada período, ou seja, um dado variável dependente do período.

Haveria, então, a necessidade de nomear esse parâmetro que representa os valores em mutação, tal como IRT, Índice de Reajustes Totais.

Esses nomes das informações de caráter variável são os **identificadores**, os quais devem acompanhar as seguintes regras de formação:

1. Devem começar por um caracter alfabético.
2. Podem ser seguidos por mais caracteres alfabéticos ou numéricos.

3. Não devem ser usados caracteres especiais.

O diagrama de sintaxe a seguir resume graficamente essas regras.

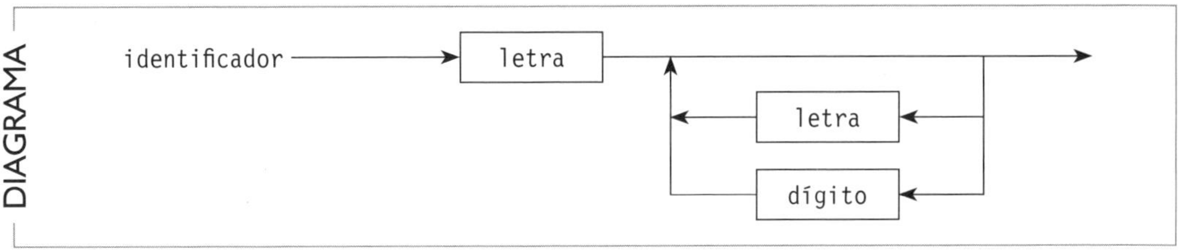

Exemplos

a. Identificadores válidos:
`Alpha, X, BJ153, K7, Notas, Média, ABC, INPS, FGTS.`

b. Identificadores inválidos:
`5X, E(13), A:B, X-Y, Nota/2, AWQ*, P&AA.`

Declaração de variáveis

No ambiente computacional, as informações variáveis são guardadas em dispositivos eletrônicos analogamente chamados de **memória**. Podemos imaginar essa 'memória' como sendo um armário repleto de gavetas, no qual as gavetas seriam os locais físicos responsáveis por armazenar objetos; os objetos (que podem ser substituídos) seriam os dados e as gavetas, as variáveis.

Visto que na memória (armário) existem inúmeras variáveis (gavetas), precisamos diferenciá-las, o que é feito por meio de identificadores (etiquetas ou rótulos). Cada variável (gaveta), no entanto, pode guardar apenas um dado (objeto) de cada vez, sendo sempre de mesmo tipo primitivo (material).

Portanto, precisamos definir nomes para determinadas gavetas especificando qual o material dos objetos que lá podem ser armazenados; em outras palavras, declarar as variáveis que serão usadas para identificar os dados.

Para tal atividade vamos adotar as seguintes regras sintáticas:

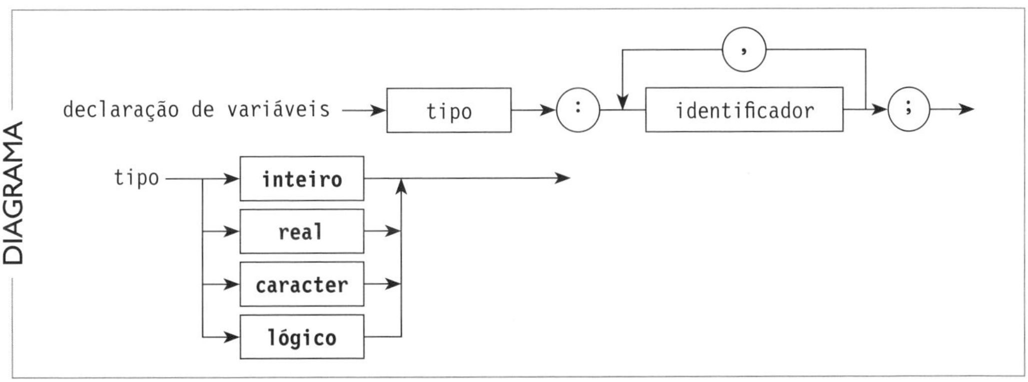

Exemplos

```
inteiro: X;
caracter: Nome, Endereço, Data;
real: ABC, XPTO, Peso, Dólar;
lógico: Resposta, H286;
```

No exemplo, `Resposta` é o nome de um local de memória que só pode conter valores do tipo lógico, ou seja, por convenção, verdade (V) ou falsidade (F).

Já o identificador `X` é o nome de um local de memória que só pode conter valores do tipo inteiro, qualquer um deles.

Não devemos permitir que mais de uma variável (gaveta) possua o mesmo identificador (etiqueta), já que ficaríamos sem saber que variável utilizar (que gaveta abrir). Só podemos guardar dados (objetos) em variáveis (gavetas) do mesmo material (tipo primitivo), ou seja, uma variável do tipo primitivo inteiro só pode armazenar números inteiros, uma variável lógica, somente verdade (V) ou falsidade (F), e assim por diante. Outra restrição importante é que as variáveis (gavetas) podem receber apenas um dado (objeto) de cada vez.

Exercícios de fixação 2

2.1 Assinale os identificadores válidos:

a) `(X)`	b) `U2`	c) `AH!`	d) `"ALUNO"`	e) `#55`
f) `KM/L`	g) `UYT`	h) `ASDRUBAL`	i) `AB*C`	j) `O&O`
l) `P{O}`	m) `B52`	n) `Rua`	o) `CEP`	p) `dia/mês`

2.2 Supondo que as variáveis NB, NA, NMat, SX sejam utilizadas para armazenar a nota do aluno, o nome do aluno, o número da matrícula e o sexo, declare-as corretamente, associando o tipo primitivo adequado ao dado que será armazenado.

2.3 Encontre os erros da seguinte declaração de variáveis:

```
inteiro: Endereço, NFilhos;
caracter: Idade, X;
real: XPTO, C, Peso, R$;
lógico: Lâmpada, C;
```

Expressões aritméticas

Denominamos expressão aritmética aquela cujos operadores são aritméticos e cujos operandos são constantes ou variáveis do tipo numérico (inteiro ou real).

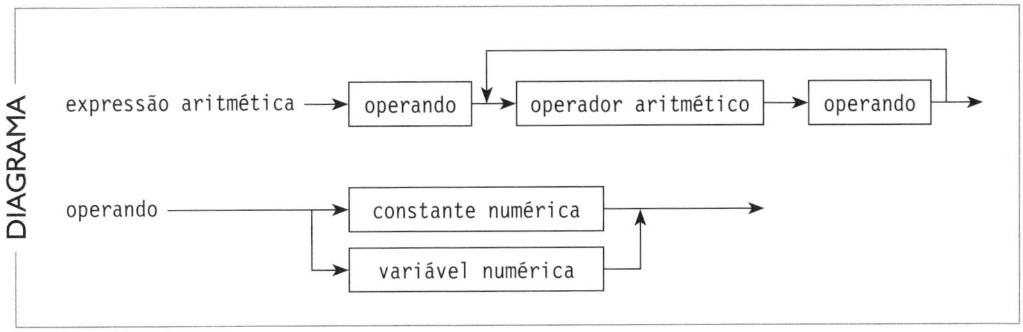

Operadores aritméticos

Chamamos de operadores aritméticos o conjunto de símbolos que representa as operações básicas da matemática, a saber:

Tabela 2.1 Operadores aritméticos

Operador	Função	Exemplos
+	Adição	`2 + 3, X + Y`
–	Subtração	`4 – 2, N – M`
*	Multiplicação	`3 * 4, A * B`
/	Divisão	`10/2, X1/X2`

Para representar as operações de radiciação e potenciação, usaremos as palavras-chave `rad` e `pot`, conforme indica a **Tabela 2.2**.

Tabela 2.2 Potenciação e radiciação

Operador	Função	Significado	Exemplos
`pot(x,y)`	Potenciação	x elevado a y	`pot(2,3)`
`rad(x)`	Radiciação	Raiz quadrada de x	`rad(9)`

Usaremos outras operações matemáticas não-convencionais, porém muito úteis na construção de algoritmos, que são o resto da divisão e o quociente da divisão inteira, conforme a **Tabela 2.3**.

Tabela 2.3 Operador de resto e quociente de divisão inteira

Operador	Função	Exemplos
`mod`	Resto da divisão	`9 mod 4` resulta em 1
		`27 mod 5` resulta em 2
`div`	Quociente da divisão	`9 div 4` resulta em 2
		`27 div 5` resulta em 5

Prioridades

Na resolução das expressões aritméticas, as operações guardam uma hierarquia entre si.

Tabela 2.4 Precedência entre os operadores aritméticos

Prioridade	Operadores
1ª	parênteses mais internos
2ª	pot rad
3ª	* / div mod
4ª	+ –

Em caso de empate (operadores de mesma prioridade), devemos resolver da esquerda para a direita, conforme a seqüência existente na expressão aritmética. Para alterar a prioridade da tabela, utilizamos parênteses mais internos.

Exemplos

a.
```
5 + 9 + 7 + 8/4
5 + 9 + 7 + 2
23
```

b.
```
1 – 4 * 3/6 – pot(3,2)
1 – 4 * 3/6 – 9
1 - 12/6 – 9
1 - 2 – 9
–10
```

c.
```
pot(5,2) – 4/2 + rad(1 + 3 * 5)/2
pot(5,2) – 4/2 + rad(1 + 15)/2
pot(5,2) – 4/2 + rad(16)/2
25 – 4/2 + 4/2
25 – 2 + 2
25
```

Exercício de fixação 3

3.1 Supondo que A, B e C são variáveis de tipo inteiro, com valores iguais a 5, 10 e –8, respectivamente, e uma variável real D, com valor de 1,5, quais os resultados das expressões aritméticas a seguir?

a) `2 * A mod 3 – C`

b) `rad(–2 * C) div 4`

c) `((20 div 3) div 3) + pot(8,2)/2`

d) `(30 mod 4 * pot(3,3)) * –1`

e) `pot(–C,2) + (D * 10)/A`

f) `rad(pot(A,B/A)) + C * D`

Expressões lógicas

Denominamos expressão lógica aquela cujos operadores são lógicos ou relacionais e cujos operandos são relações ou variáveis ou constantes do tipo lógico.

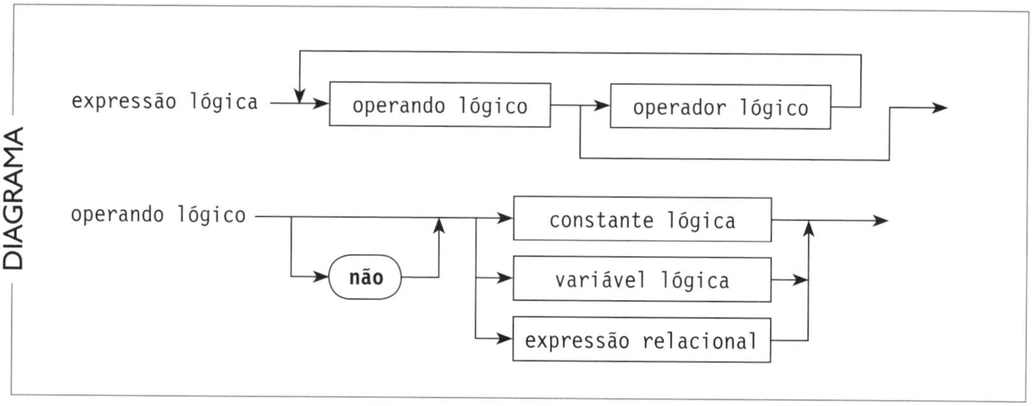

Operadores relacionais

Utilizamos os operadores relacionais para realizar comparações entre dois valores de mesmo tipo primitivo. Tais valores são representados por constantes, variáveis ou expressões aritméticas.

Os operadores relacionais são comuns para construirmos equações. Adotaremos como convenção para esses operadores os símbolos apresentados na **Tabela 2.5**.

Tabela 2.5 Operadores relacionais

Operador	Função	Exemplos
=	Igual a	3 = 3, X = Y
>	Maior que	5 > 4, X > Y
<	Menor que	3 < 6, X < Y
>=	Maior ou igual a	5 >= 3, X >= Y
<=	Menor ou igual a	3 <= 5, X <= Y
<>	Diferente de	8 <> 9, X <> Y

O resultado obtido de uma relação é sempre um valor **lógico**. Por exemplo, analisando a relação numérica A + B = C, o resultado será verdade ou falsidade à medida que o valor da expressão aritmética A + B seja igual ou diferente do conteúdo da variável C, respectivamente.

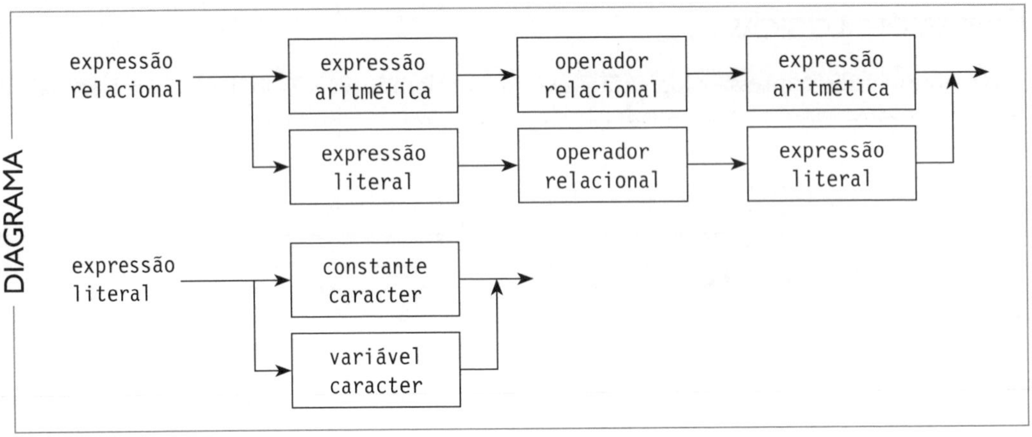

Exemplos

a.
```
2 * 4 = 24/3
    8 = 8
      V
```

b.
```
15 mod 4 < 19 mod 6
       3 < 1
         F
```

c.
```
3 * 5 div 4 <= pot(3,2)/0,5
   15 div 4 <= 9/0,5
          3 <= 18
            V
```

d.
```
2 + 8 mod 7 >= 3 * 6 – 15
      2 + 1 >= 18 – 15
          3 >= 3
            V
```

Operadores lógicos

Utilizaremos três **operadores** básicos para a formação de novas proposições lógicas compostas a partir de outras proposições lógicas simples. Os operadores lógicos estão descritos na **Tabela 2.6**.

Tabela 2.6 Operadores lógicos

Operador	Função
não	negação
e	conjunção
ou	disjunção

Tabelas-verdade

Tabela-verdade é o conjunto de todas as possibilidades combinatórias entre os valores de diversas variáveis lógicas, as quais se encontram em apenas duas situações (V ou F), e um conjunto de operadores lógicos.

Construiremos uma tabela-verdade com o objetivo de dispor de uma maneira prática os valores lógicos envolvidos em uma expressão lógica.

Tabela 2.7 Operação de negação

A	não A
F	V
V	F

Tabela 2.8 Operação de conjunção

A	B	A e B
F	F	F
F	V	F
V	F	F
V	V	V

Tabela 2.9 Operação de disjunção não-exclusiva

A	B	A ou B
F	F	F
F	V	V
V	F	V
V	V	V

Exemplos

a. Se chover **e** relampejar, eu fico em casa.
Quando eu fico em casa?

Observamos na tabela-verdade do conectivo usado anteriormente (**e**) que a proposição só será verificada (ou seja, "eu fico em casa") quando os termos chover e relampejar forem simultaneamente verdade.

b. Se chover **ou** relampejar eu fico em casa.
Quando eu fico em casa?

Percebemos que, com o operando lógico **ou**, as possibilidades de "eu fico em casa" se tornam maiores, pois, pela tabela-verdade, a proposição será verdadeira em três situações: somente chovendo, somente relampejando, chovendo e relampejando.

c. 2 < 5 **e** 15/3 = 5
V **e** 5 = 5
V **e** V
V

d. 2 < 5 **ou** 15/3 = 5
V **ou** V
V

e. F **ou** 20 div(18/3) <> (21/3) div 2
F **ou** 20 div 6 <> 7 div 2
F **ou** 3 <> 3
F **ou** F
F

f. **não** V **ou** pot(3,2)/3 < 15 – 35 mod 7
não V **ou** 9/3 < 15 – 0
não V **ou** 3 < 15
não V **ou** V
F **ou** V
V

Prioridades

Entre operadores lógicos:

Tabela 2.10 Precedência entre os operadores lógicos

Prioridade	Operadores
1ª	**não**
2ª	**e**
3ª	**ou**

Entre todos os operadores:

Tabela 2.11 Precedência entre todos os operadores

Prioridade	Operadores
1ª	parênteses mais internos
2ª	operadores aritméticos
3ª	operadores relacionais
4ª	operadores lógicos

Convém observar que essa última convenção de precedência (**Tabela 2.11**) não é comum a todas as linguagens, mas foi adotada por ser considerada a mais didática.

Exemplos

a.

```
não (5 <> 10/2) ou V e 2 – 5 > 5 – 2 ou V)
   não (5 <> 5 ou V e – 3 > 3 ou V)
         não (F ou V e F ou V)
           não (F ou F ou V)
              não (F ou V)
                 não (V)
                     F
```

b.

```
pot(2,4) <> 4 + 2 ou 2 + 3 * 5/3 mod 5 < 0
           16 <> 6 ou 2 + 15/3 mod 5 < 0
           16 <> 6 ou 2 + 5 mod 5 < 0
           16 <> 6 ou 2 + 0 < 0
           16 <> 6 ou 2 < 0
                 V ou F
                   V
```

Exercício de fixação 4

4.1 Determine os resultados obtidos na avaliação das expressões lógicas seguintes, sabendo que A, B, C contêm, respectivamente, 2, 7, 3,5, e que existe uma variável lógica L cujo valor é falsidade (F):

a) B = A * C **e** (L **ou** V)

b) B > A **ou** B = pot(A,A)

c) L **e** B div A >= C **ou** **não** A <= C

d) **não** L **ou** V **e** rad(A + B) >= C

e) B/A = C **ou** B/A <> C

f) L **ou** pot(B,A) <= C * 10 + A * B

Comando de atribuição

Um comando de atribuição permite-nos fornecer um valor a uma variável (guardar um objeto em uma gaveta), em que o tipo do dado deve ser compatível com o tipo da variável, isto é, somente podemos atribuir um valor lógico a uma variável capaz de comportá-lo, ou seja, uma variável declarada como sendo do tipo lógico.

O comando de atribuição possui a seguinte sintaxe:

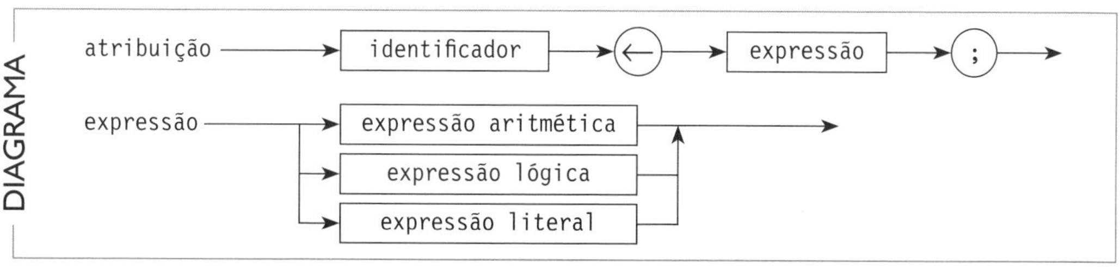

Exemplos

```
lógico: A, B;
inteiro: X;
A ← B;
X ← 8 + 13 div 5;
B ← 5 = 3;
X ← 2;
```

Esses comandos atribuem às variáveis A, X e B os valores fornecidos à direita do símbolo de atribuição. Vale ressaltar que à esquerda do símbolo de atribuição deve existir apenas um identificador.

Percebemos que as variáveis A e B devem ser do tipo lógico e que a variável X deve ser do tipo inteiro, o que já foi explicitado na declaração das variáveis.

Nos comandos em que o valor a ser atribuído à variável é representado por uma expressão aritmética ou lógica, estas devem ser resolvidas em primeiro lugar, para que depois o resultado possa ser armazenado na variável. Por exemplo, na penúltima atribuição, B receberia verdade se 5 fosse igual a 3; como não é, B receberá falsidade.

Notemos também que uma variável pode ser utilizada diversas vezes. Ao atribuirmos um segundo valor, o primeiro valor armazenado anteriormente será descartado, sendo substituído pelo segundo. Por exemplo, na primeira utilização, X recebe o resultado da expressão aritmética (o valor inteiro 10), na segunda utilização esse valor é descartado, pois X passa a ter como valor o inteiro 2.

Exercício de fixação 5

5.1 Encontre os erros dos seguintes comandos de atribuição:

```
lógico: A;
real: B, C;
inteiro: D;
A ← B = C;
D ← B;
C + 1 ← B + C;
C e B ← 3.5;
B ← pot(6,2)/3 <= rad(9) * 4
```

Comandos de entrada e saída

Os algoritmos precisam ser 'alimentados' com dados provenientes do meio externo para efetuarem as operações e cálculos que são necessários a fim de alcançar o resultado desejado. Com essa finalidade, utilizaremos os comandos de entrada e saída. Vejamos uma analogia desse processo com uma atividade que nos é corriqueira, como a respiração.

No processo respiratório, inspiramos os diversos gases que compõem a atmosfera; realizamos uma **entrada** de substâncias externas que agora serão **processadas** pelo organismo, sendo que, depois de devidamente aplicadas por ele, serão devolvidas, alteradas, ao meio, como **saída** de substâncias para o meio externo.

Da mesma forma funciona o 'organismo' do computador, só que no lugar de substâncias atmosféricas entram e saem dados.

Outra analogia interessante é proveniente da culinária doméstica. Para fazer um bolo também seguimos o mandamento da informática; como entrada, temos os ingredientes que serão processados segundo um algoritmo, a receita, e finalizarão tendo por saída o bolo pronto. Notemos que nem os ingredientes nem o bolo pertencem à receita, pois são provenientes do meio externo à receita.

Entrada de dados

Para que o algoritmo possa receber os dados de que necessita, adotaremos um comando de **entrada de dados** denominado **leia**, cuja finalidade é atribuir o dado a ser fornecido à variável identificada.

O comando **leia** segue a seguinte regra sintática:

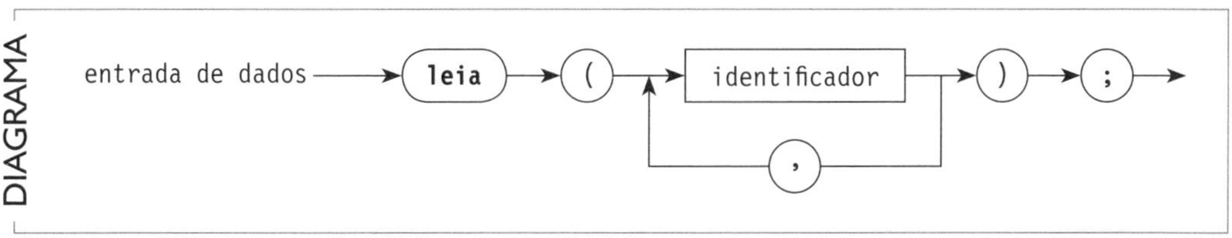

Exemplos

```
leia (X);
leia (A, XPTO, NOTA);
```

Saída de dados

Para que o algoritmo possa mostrar os dados que calculou, como resposta ao problema que resolveu, adotaremos um comando de **saída de dados** denominado **escreva**, cuja finalidade é exibir o conteúdo da variável identificada.

O comando **escreva** segue a seguinte regra sintática:

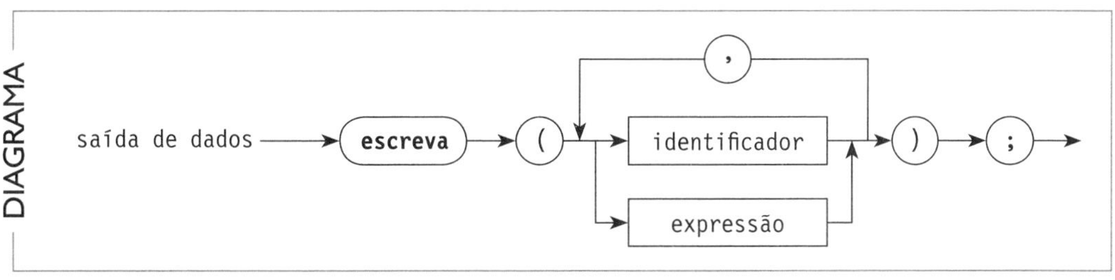

Exemplos

```
escreva (Y);
escreva (B, XPTO, SOMA/4);
escreva ("Bom dia", NOME);
escreva ("Você pesa", P, "quilos");
```

Blocos

Um bloco pode ser definido como um conjunto de ações com uma função definida; nesse caso, um algoritmo pode ser visto como um bloco. Ele serve também para definir os limites nos quais as variáveis declaradas em seu interior são conhecidas.

Para delimitar um bloco, utilizamos os delimitadores **início** e **fim**.

DIAGRAMA

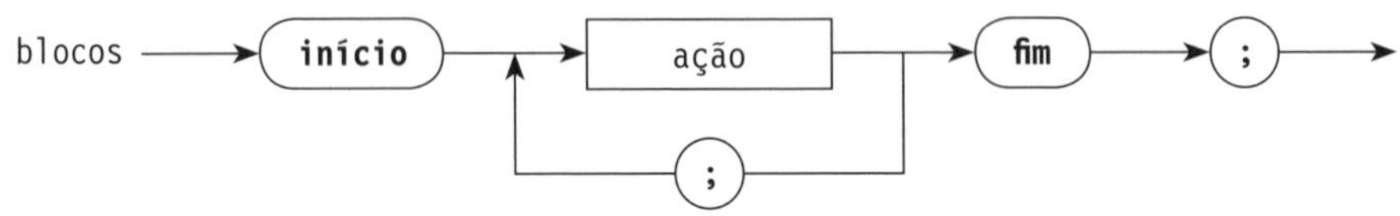

Exemplo

```
início // início do bloco (algoritmo)
    // declaração de variáveis
    // seqüência de ações
fim.    // fim do bloco (algoritmo)
```

> **NOTA**
>
> Com o objetivo de explicarmos certas linhas importantes nos algoritmos, utilizaremos comentários, que estarão dispostos após as barras duplas (//). O uso de comentários é recomendado para aumentar a clareza dos algoritmos.

EXERCÍCIOS PROPOSTOS

1. Utilizando o seguinte trecho de algoritmo:

```
.
.
inteiro: X, Y;
real: Z;
leia (X);
```

(Continua)

```
escreva (X, "elevado ao cubo =", pot(x,3));
leia (Y);
escreva (X + Y);
Z ← X/Y;
escreva (Z);
z ← z + 1;
x ← (y + x) mod 2;
escreva (x);
.
.
.
```

explique o que está acontecendo em cada linha e qual é o resultado de cada ação executada.

2. Cite e discorra sobre três exemplos de seu dia-a-dia nos quais você encontra explicitados **entrada**, **saída** e **processamento**.

3. Faça uma analogia de **entrada**, **processamento** e **saída** de dados com o que acontece quando você:

a) lê e sintetiza um livro;

b) dialoga com outra pessoa.

RESUMO

Neste capítulo vimos que os dados manipulados pelos algoritmos podem ser dos seguintes tipos: **inteiro**, **real**, **caracter** ou **lógico**. Verificamos que para guardar os dados precisamos de **identificadores**, que servem de rótulo para dados **variáveis** ou **constantes**, e que para usá-los é necessária a **declaração**, na qual associamos o identificador a um dos tipos primitivos válidos. Vimos também as expressões **aritméticas**, **lógicas** e **relacionais**, sendo que as duas últimas devem resultar em um valor lógico, V (verdade) ou F (falsidade), assim como os operadores **relacionais**, **aritméticos** (entre eles mod, div, pot e rad) e **lógicos** (e, ou, não). Concluímos o capítulo conhecendo os comandos de **entrada** (**leia**) e **saída** (**escreva**) de dados, bem como o conceito de **blocos**.

ESTRUTURAS DE CONTROLE

3

Objetivos

Apresentar o conceito de estrutura seqüencial de fluxo de execução e ilustrar a construção de algoritmos através de etapas lógicas. Explicar a aplicabilidade das estruturas de seleção, suas variantes, combinações e equivalências. Apresentar as estruturas de repetição, suas particularidades, aplicações e equivalências.

- Estruturas de controle do fluxo de execução
- Estrutura seqüencial
- Estrutura de seleção
- Estrutura de repetição
- Aplicações específicas de cada estrutura

Na criação de algoritmos, utilizamos os conceitos de bloco lógico, entrada e saída de dados, variáveis, constantes, atribuições, expressões lógicas, relacionais e aritméticas, bem como comandos que traduzam esses conceitos de forma a representar o conjunto de ações.

Para que esse conjunto de ações se torne viável, deve existir uma perfeita relação lógica intrínseca ao modo pelo qual essas ações são executadas, ao modo pelo qual é regido o **fluxo de execução** do algoritmo.

Por meio das estruturas básicas de controle do fluxo de execução — seqüenciação, seleção, repetição — e da combinação delas, poderemos criar algoritmos para solucionar nossos problemas.

ESTRUTURA SEQÜENCIAL

A estrutura seqüencial de um algoritmo corresponde ao fato de que o conjunto de ações primitivas será executado em uma seqüência linear de cima para baixo e da esquerda para a direita, isto é, na mesma ordem em que foram escritas. Convencionaremos que as ações serão seguidas por um ponto-e-vírgula (;), que objetiva separar uma ação da outra e auxiliar a organização seqüencial das ações, pois após encontrar um (;) deveremos executar o próximo comando da seqüência.

O **Algoritmo 3.1** ilustra o modelo básico que usaremos para escrever os algoritmos; identificamos o bloco, colocando início e fim, e dentro dele iniciamos com a declaração das variáveis e depois o corpo do algoritmo.

ALGORITMO 3.1 Modelo geral

```
início // identificação do início do bloco correspondente ao algoritmo
   // declaração de variáveis
   // corpo do algoritmo
   ação 1;
   ação 2;
   ação 3;
        .
        .
        .
   ação n;
fim. // fim do algoritmo
```

Exemplos

a. Construa um algoritmo que calcule a média aritmética entre quatro notas bimestrais quaisquer fornecidas por um aluno (usuário).
Dados de entrada: quatro notas bimestrais (N1, N2, N3, N4).
Dados de saída: média aritmética anual (MA).

O que devemos fazer para transformar quatro notas bimestrais em uma média anual?
Resposta: utilizar média aritmética.

O que é média aritmética?
Resposta: a soma dos elementos divididos pela quantidade deles. Em nosso caso particular: (N1 + N2 + N3 + N4)/4.

NOTA

Durante a elaboração do **Algoritmo 3.2**, depois de definidas as variações de entrada e saída de dados, realizamos uma série de perguntas "o quê?" com o objetivo de descobrirmos, de uma maneira clara e objetiva, os aspectos relevantes que devemos considerar no desenvolvimento do algoritmo e das ações envolvidas no processamento necessário à obtenção das respostas desejadas.

Construção do algoritmo:

ALGORITMO 3.2 Média aritmética

```
início // começo do algoritmo

   // declaração de variáveis
   real: N1, N2, N3, N4, // notas bimestrais
         MA; // média anual

   // entrada de dados
   leia (N1, N2, N3, N4);

   // processamento
   MA ← (N1 + N2 + N3 + N4) / 4;

   // saída de dados
   escreva (MA);

fim. // término do algoritmo
```

b. Construa um algoritmo que calcule a quantidade de latas de tinta necessárias e o custo para pintar tanques cilíndricos de combustível, em que são fornecidos a altura e o raio desse cilindro.

Sabendo que:

- a lata de tinta custa $ 50,00;
- cada lata contém 5 litros;
- cada litro de tinta pinta 3 metros quadrados.

  Dados de entrada: altura (H) e raio (R).

  Dados de saída: custo (C) e quantidade (QTDE).

Utilizando o **planejamento reverso**, sabemos que:

- o custo é dado pela quantidade de latas * $ 50,00;
- a quantidade de latas é dada pela quantidade total de litros/5;
- a quantidade total de litros é dada pela área do cilindro/3;
- a área do cilindro é dada pela área da base + área lateral;
- a área da base é (PI * pot(R,2));
- a área lateral é altura * comprimento: (2 * PI * R * H);
- sendo que R (raio) e H (altura) são dados de entrada e PI é uma constante de valor conhecido: 3,14.

Construção do algoritmo:

ALGORITMO 3.3 Quantidade de latas de tinta

```
início
   real: H, R;
   real: C, Qtde, Área, Litro;
```

(Continua)

```
    leia (H, R);
    Área ← (3,14 * pot(R, 2)) + (2 * 3,14 * R * H);
    Litro ← Área/3;
    Qtde ← Litro/5;
    C ← Qtde * 50,00;
    escreva (C, Qtde);
fim.
```

> **NOTA**
>
> Planejamento reverso é uma técnica que podemos utilizar quando sabemos quais são os dados de saída e, a partir deles, levantamos as etapas do processamento, determinando reversamente os dados de entrada.

Exercícios de fixação 1

1.1 Construa um algoritmo para calcular as raízes de uma equação do 2º grau ($Ax^2 + Bx + C$), sendo que os valores A, B e C são fornecidos pelo usuário (considere que a equação possui duas raízes reais).

1.2 Construa um algoritmo que, tendo como dados de entrada dois pontos quaisquer do plano, $P(x_1,y_1)$ e $Q(x_2,y_2)$, imprima a distância entre eles.

A fórmula que efetua tal cálculo é: $d = \sqrt{(x_2 - x_1)^2 + (y_2 - y_1)^2}$,

que reescrita utilizando os operadores matemáticos adotados fica:

d = rad(pot(x2–x1,2) + pot(y2–y1,2))

1.3 Faça um algoritmo para calcular o volume de uma esfera de raio R, em que R é um dado fornecido pelo usuário. O volume de uma esfera é dado por $V = \frac{4}{3}\pi R^3$.

Estruturas de seleção

Uma estrutura de **seleção** permite a escolha de um grupo de ações (bloco) a ser executado quando determinadas **condições**, representadas por expressões lógicas ou relacionais, são ou não satisfeitas.

Seleção simples

Quando precisamos testar uma certa condição antes de executar uma ação, usamos uma **seleção simples**, que segue o seguinte modelo:

```
se <condição>
  então
    C; // comando único (ação primitiva)
fimse;
```

<condição> é uma expressão lógica que, quando inspecionada, pode gerar um resultado falso ou verdadeiro.

Se <condição> for verdadeira, a ação primitiva sob a cláusula **então** (C) será executada; caso contrário (<condição> for falsa), encerra-se a seleção (**fimse**), neste caso, sem executar nenhum comando. Em diagrama de sintaxe, temos:

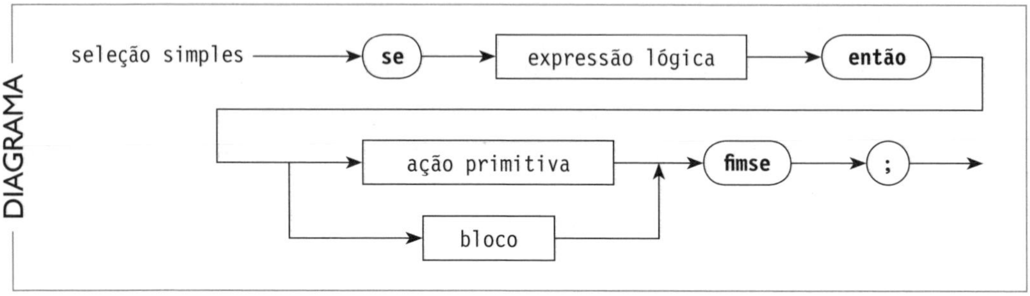

Pelo diagrama de sintaxe observamos que, quando existir apenas uma ação após a cláusula, basta escrevê-la; já quando precisamos colocar diversas ações é necessário usar um bloco, delimitado por **início** e **fim**, conforme o seguinte modelo:

```
se <condição>
   então
      início // início do bloco verdade
         C1;
         C2; // seqüência de comandos
         .
         .
         Cn;
      fim;    // fim do bloco verdade
fimse;
```

Se <condição> for verdadeira, então o 'bloco verdade' (seqüência de comandos C1...Cn) será executado; caso contrário (<condição> for falsa), nada é executado, encerrando-se a seleção (**fimse**). A existência do bloco (demarcado por **início** e **fim**) é necessária devido à existência de um conjunto de ações primitivas sob a mesma cláusula **então**.

Exemplo

Vamos agora ampliar o **Algoritmo 3.2**. Supondo serem N1, N2, N3, N4 as quatro notas bimestrais de um aluno, podemos avaliar sua situação quanto à aprovação, nesse caso, obtida atingindo-se média superior ou igual a 7.

Teríamos, então, como informações de saída a média anual e uma informação adicional, se o aluno for aprovado.

ALGORITMO 3.4 Média aritmética com aprovação

```
início
   // declaração de variáveis
   real: N1, N2, N3, N4, // notas bimestrais
         MA; // média anual
   leia (N1, N2, N3, N4); // entrada de dados
   MA ← (N1 + N2 + N3 + N4) / 4; // processamento
   escreva (MA); // saída de dados
   se (MA >= 7)
      então
         escreva ("Aluno Aprovado!");
   fimse;
fim.
```

Seleção composta

Quando tivermos situações em que duas alternativas dependem de uma mesma condição, uma de a condição ser verdadeira e outra de a condição ser falsa, usamos a estrutura de **seleção composta**. Supondo que um conjunto de ações dependa da avaliação verdadeiro e uma única ação primitiva dependa da avaliação falso, usaremos uma estrutura de seleção semelhante ao seguinte modelo:

```
se <condição>
   então
      início // início do bloco verdade
         C1;
         C2; // seqüência de comandos
         .
         .
         Cn;
      fim; // fim do bloco verdade
   senão
      C; {ação primitiva}
fimse;
```

Observamos que a existência do bloco verdade continua, sendo que ele será executado caso <condição> (expressão lógica) seja verdadeira. Porém, a seleção agora é composta, pois, caso o resultado seja falso, teremos a execução do comando C (ação primitiva) que segue a cláusula **senão**.

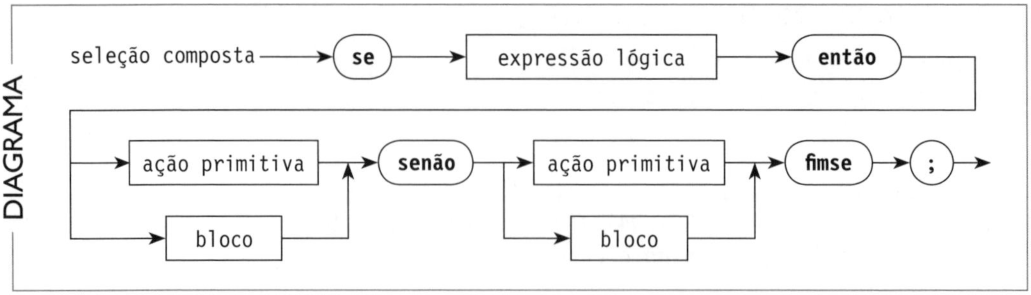

No caso de existir um conjunto de ações que deveria ser executado quando o resultado da condição fosse falso, criaríamos um 'bloco falsidade', como apresentado no seguinte modelo:

```
se <condição>
   então
      início // início do bloco verdade
            C1;
            C2; // seqüência de comandos
            .
            .
            .
            Cn;
      fim; // fim do bloco verdade
   senão
      início // início do bloco falsidade
            C1;
            C2; // seqüência de comandos
            .
            .
            Cn;
      fim; // fim do bloco falsidade
fimse;
```

Exemplo

a. Vamos incluir agora, no **Algoritmo 3.4**, a informação que provém do resultado falso da condição (`MA >= 7`), ou seja, a reprovação do aluno.

ALGORITMO 3.5 Média aritmética com aprovação e reprovação

```
início
   // declaração de variáveis
   real: N1, N2, N3, N4, // notas bimestrais
```

(*Continua*)

```
         MA; // média anual
   leia (N1, N2, N3, N4);
   MA ← (N1+ N2 + N3 + N4) / 4;
   escreva ("Média Anual = ", MA);
   se (MA >= 7)
      então
         início // bloco verdade
            escreva ("Aluno Aprovado!");
            escreva ("Parabéns!");
         fim;
      senão
         início // bloco falsidade
            escreva ("Aluno Reprovado!");
            escreva ("Estude Mais!");
         fim;
   fimse;
fim.
```

Seleção encadeada

Quando, devido à necessidade de processamento, agruparmos várias seleções, formaremos uma **seleção encadeada**. Normalmente, tal formação ocorre quando uma determinada ação ou bloco deve ser executado se um grande conjunto de possibilidades ou combinações de situações for satisfeito.

Seleção encadeada heterogênea

Podemos construir uma estrutura de seleção de diversas formas, sendo que, ao encadearmos várias seleções, as diferentes possibilidades de construção tendem a um número elevado.

Quando não conseguimos identificar um padrão lógico de construção em uma estrutura de seleção encadeada, dizemos que ela é uma estrutura de **seleção encadeada heterogênea**.

O modelo a seguir expressa um exemplo de uma seleção heterogênea.

```
se <condição 1>
   então
      se <condição 2>
         então
            início // bloco verdade 1
               C1;
               .
               .
               Cn;
            fim; // bloco verdade 1
         fimse;
```

(Continua)

```
    senão
       se <condição 3>
          então
             início // bloco verdade 2
                C1
                .
                .
                Cn;
             fim; // bloco verdade 2
          senão
             se <condição 4>
                então
                   se <condição 5>
                      então
                         CV; // comando verdade
                   fimse
                senão
                   CF; // comando falsidade
             fimse;
       fimse;
 fimse;
```

Podemos resumir todas as variações possíveis da seleção encadeada do modelo anterior em uma tabela de decisão, conforme a **Tabela 3.1**:

Tabela 3.1

Condição 1	Condição 2	Condição 3	Condição 4	Condição 5	Ação executada
V	V	–	–	–	Bloco verdade 1
F	–	V	–	–	Bloco verdade 2
F	–	F	V	V	Comando verdade
F	–	F	F	–	Comando falsidade

NOTA

Uma tabela de decisão é uma construção tabular que apresenta todas as variações possíveis para uma certa estrutura de seleção. Usualmente, colocamos as condições em colunas, enquanto as linhas representam as situações possíveis. A última coluna indica qual ação será executada quando aquela combinação de resultados for satisfeita.

Exemplos

a. Dados três valores A, B, C, verificar se eles podem ser os comprimentos dos lados de um triângulo, se forem, verificar se compõem um triângulo equilátero, isósceles ou escaleno. Informar se não compuserem nenhum triângulo.
Dados de entrada: três lados de um suposto triângulo (A, B, C).
Dados de saída – mensagens: não compõem triângulo, triângulo equilátero, triângulo isósceles, triângulo escaleno.

O que é triângulo?
Resposta: figura geométrica fechada de três lados, em que cada um é menor que a soma dos outros dois.

O que é um triângulo equilátero?
Resposta: um triângulo com três lados iguais.

O que é um triângulo isósceles?
Resposta: um triângulo com dois lados iguais.

O que é um triângulo escaleno?
Resposta: um triângulo com todos os lados diferentes.

Montando a tabela de decisão, temos a **Tabela 3.2** a seguir:

Tabela 3.2

É triângulo?	É equilátero?	É isósceles?	É escaleno?	Ações
V	V	F	F	"Equilátero"
V	F	V	–	"Isósceles"
V	F	F	V	"Escaleno"
F	–	–	–	"Não é triângulo"

Traduzindo as condições para expressões lógicas:

- É triângulo: `(A < B + C)` **e** `(B < A + C)` **e** `(C < A + B)`.
- É equilátero: `(A = B)` **e** `(B = C)`.
- É isósceles: `(A = B)` **ou** `(A = C)` **ou** `(B = C)`.
- É escaleno: `(A <> B)` **e** `(B <> C)` **e** `(A <> C)`.

Construindo o algoritmo:

ALGORITMO 3.6 Tipo de triângulo

```
início // algoritmo
   inteiro: A, B, C;
   leia (A, B, C);
   se ((A < B + C) e (B < A + C) e (C < A + B))
      então
         se ((A = B) e (B = C))
```

(Continua)

```
            então
               escreva ("Triângulo Equilátero");
            senão
               se ((A = B) ou (A = C) ou (B = C))
                  então
                     escreva ("Triângulo Isósceles);
                  senão
                     escreva ("Triângulo Escaleno");
               fimse;
         fimse;
      senão
         escreva ("Estes valores não formam um triângulo!");
   fimse;
fim. // algoritmo
```

Seleção encadeada homogênea

Chamamos de **seleção encadeada homogênea** a construção de diversas estruturas de seleção encadeadas que seguem um determinado padrão lógico.

Se então se

Vamos supor que, em um dado algoritmo, um comando genérico W deva ser executado apenas quando forem satisfeitas as condições <Condição 1>, <Condição 2>, <Condição 3> e <Condição 4>. Teríamos:

```
se <Condição 1>
   então se <Condição 2>
            então se <Condição 3>
                        então se <Condição 4>
                                 então W;
                              fimse;
                     fimse
         fimse;
fimse;
```

Esta construção segue um padrão. Após cada **então** existe outro **se**, não existem **senões**; temos uma estrutura encadeada homogênea. Outro fator importante é que o comando W só será executado quando todas as condições forem ao mesmo tempo verdadeiras; portanto, seria equivalente a escrever, simplificadamente:

```
se (<Condição 1> e <Condição 2> e <Condição 3> e <Condição 4>)
         então W;
fimse;
```

A **Tabela 3.3** expressa nitidamente a necessidade de todas as condições serem verdadeiras simultaneamente.

Tabela 3.3

Condição 1	Condição 2	Condição 3	Condição 4	Ação executada
V	V	V	V	W

Se senão se

Vamos supor que em determinado algoritmo uma variável X possa assumir apenas quatro valores, V1, V2, V3, V4, e que exista um comando diferente que será executado para cada valor armazenado em X.

Teremos, por exemplo, a seguinte situação:

```
se (X = V1)
   então
      C1;
fimse;
se (X = V2)
   então
      C2;
se (X = V3)
   então
      C3;
fimse;
se (X = V4)
   então
      C4;
fimse;
```

A tabela de decisão para o exemplo é:

Tabela 3.4

X = V1	X = V2	X = V3	X = V4	Ação
V	F	F	F	C1
F	V	F	F	C2
F	F	V	F	C3
F	F	F	V	C4

Somente um, e apenas um, comando pode ser executado, isto é, trata-se de uma situação excludente (se X é igual a V3, não é igual a V1 nem a V2 nem a V4).

Não se trata de uma estrutura encadeada, pois as seleções não estão interligadas. Por isso, todas as condições (X = Vn) serão avaliadas e ocorrerão testes desnecessários. Para diminuir a quantidade de testes dessa estrutura podemos transformá-la em um conjunto de seleções encadeadas, conforme o seguinte modelo:

```
se (X = V1)
   então C1;
   senão se (X = V2)
            então C2;
            senão se (X = V3)
                     então C3;
                     senão se (X = V4)
                              então C4;
                          fimse;
                 fimse;
        fimse;
fimse;
```

Essa nova estrutura de seleção gera a tabela de decisão mostrada na **Tabela 3.5** a seguir.

Tabela 3.5

X = V1	X = V2	X = V3	X = V4	Ação
V	–	–	–	C1
F	V	–	–	C2
F	F	V	–	C3
F	F	F	V	C4

Nessa estrutura, o número médio de testes a serem executados foi reduzido. Se o conteúdo de X for igual a V2, serão executados apenas dois testes (X = V1) e (X = V2) e um comando (C2), enquanto na estrutura anterior seriam inspecionadas quatro condições, embora um único comando (C2) tenha sido executado. Em outras palavras, nessa estrutura os testes terminam depois de encontrada a primeira condição verdadeira.

Essa construção segue um padrão, após cada **senão** existe outro comando **se**, e depois do **então** existe uma ação qualquer (que não seja outra seleção), compondo uma estrutura típica que denominaremos **se-senão-se**.

Por constituir um encadeamento homogêneo, pode ser simplificado, e para tal utilizaremos uma nova estrutura, a seleção de múltipla escolha.

Seleção de múltipla escolha

Quando um conjunto de valores discretos precisa ser testado e ações diferentes são associadas a esses valores, estamos diante de uma seleção encadeada homogênea do tipo

se-senão-se. Como essa situação é bastante freqüente na construção de algoritmos que dependem de alternativas, utilizaremos uma estrutura específica para estes casos, a **seleção de múltipla escolha**.

O modelo que expressa as possibilidades do exemplo anterior é o seguinte:

```
escolha X
   caso V1: C1;
   caso V2: C2;
   caso V3: C3;
   caso V4: C4;
fimescolha;
```

Caso o conteúdo da variável X seja igual ao valor Vn, então, o comando Cn será executado; caso contrário, serão inspecionados os outros casos até ser encontrada uma igualdade ou terminarem os casos.

Simbolizando através do diagrama de sintaxe, temos:

DIAGRAMA

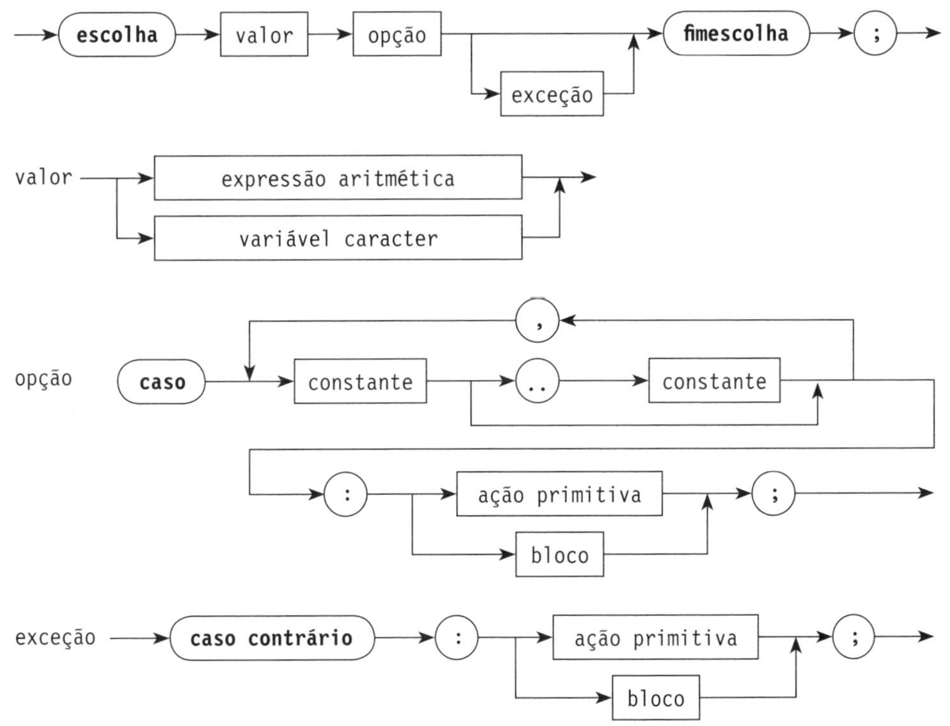

Para executar um comando que possui mais de um valor em que se verifica sua necessidade, agrupamos todos esses valores em um único caso. E, para executar um comando que se verifica com todos os outros valores, exceto os discriminados caso a caso, incluímos outra situação: **caso contrário**.

O exemplo genérico a seguir mostra uma estrutura de seleção encadeada homogênea **se-senão-se**:

```
se (X = V1)
   então C1;
   senão se (X = V2)
            então C2;
            senão se (X = V3)
                     então C2
                     senão se (X = V4)
                              então C3;
                              senão se (X = V5)
                                       então C4;
                                       senão C5;
                                    fimse;
                           fimse;
                  fimse;
         fimse;
fimse;
```

que ao ser reescrita utilizando a estrutura de múltipla escolha fica da seguinte maneira:

```
escolha X
   caso V1: C1;
   caso V2, V3: C2;
   caso V4: C3;
   caso V5: C4;
   caso contrário: C5;
fimescolha;
```

Exemplos

Construa um algoritmo que, tendo como dados de entrada o preço de um produto e seu código de origem, mostre o preço junto de sua procedência. Caso o código não seja nenhum dos especificados, o produto deve ser encarado como importado. Siga a tabela de códigos a seguir:

Código de origem	Procedência
1	Sul
2	Norte
3	Leste
4	Oeste
5 ou 6	Nordeste

(Continua)

Código de origem	Procedência
7, 8 ou 9	Sudeste
10 até 20	Centro-Oeste
25 até 30	Nordeste

ALGORITMO 3.7 Múltipla escolha

```
início
   // declaração de variáveis
   real: Preço;
   inteiro: Origem;
   leia (Preço, Origem);
   escolha Origem;
      caso 1: escreva (Preço, " - produto do Sul");
      caso 2: escreva (Preço, " - produto do Norte");
      caso 3: escreva (Preço, " - produto do Leste");
      caso 4: escreva (Preço, " - produto do Oeste");
      caso 7, 8, 9: escreva (Preço, " - produto do Sudeste");
      caso 10..20: escreva (Preço, " - produto do Centro-Oeste");
      caso 5, 6, 25..30: escreva (Preço, " - produto do Nordeste");
      caso contrário: escreva (Preço, " - produto importado");
   fimescolha;
fim.
```

Exercícios de fixação 2

2.1 Dado o algoritmo a seguir, responda:

```
início
   lógico: A, B, C;
   se A
      então C1;
      senão
         início
            se B
               então
                  se C
                     então C2;
                     senão
                        início
                           C3;
                           C4;
                        fim;
                  fimse;
```

(Continua)

```
            fimse;
            C5;
        fim;
    fimse;
    C6;
fim.
```

a) Se A = verdade, B = verdade, C = falsidade, quais comandos serão executados?
b) Se A = falsidade, B = verdade, C = falsidade, quais comandos serão executados?
c) Se A = falsidade, B = verdade, C = verdade, quais comandos serão executados?
d) Quais são os valores de A, B, C para que somente os comandos C5 e C6 sejam executados?
e) Quais são os valores de A, B, C para que somente o comando C6 seja executado?

2.2 Escreva um algoritmo que leia três valores inteiros e diferentes e mostre-os em ordem decrescente. Utilize para tal uma seleção encadeada.

2.3 Desenvolva um algoritmo que calcule as raízes de uma equação do 2º grau, na forma $Ax^2 + Bx + C$, levando em consideração a existência de raízes reais.

2.4 Tendo como dados de entrada a altura e o sexo de uma pessoa, construa um algoritmo que calcule seu peso ideal, utilizando as seguintes fórmulas:

- para homens: (72.7 * h) – 58;
- para mulheres: (62.1 * h) – 44.7.

2.5 Faça um algoritmo que leia o ano de nascimento de uma pessoa, calcule e mostre sua idade e, também, verifique e mostre se ela já tem idade para votar (16 anos ou mais) e para conseguir a Carteira de Habilitação (18 anos ou mais).

2.6 Escreva um algoritmo que leia o código de um determinado produto e mostre a sua classificação. Utilize a seguinte tabela como referências:

Código	Classificação
1	Alimento não-perecível
2, 3 ou 4	Alimento perecível
5 ou 6	Vestuário
7	Higiene pessoal
8 até 15	Limpeza e utensílios domésticos
Qualquer outro código	Inválido

2.7 Elabore um algoritmo que, dada a idade de um nadador, classifique-o em uma das seguintes categorias:

Idade	Categoria
5 até 7 anos	Infantil A
8 até 10 anos	Infantil B
11 até 13 anos	Juvenil A
14 até 17 anos	Juvenil B
Maiores de 18 anos	Adulto

2.8 Elabore um algoritmo que calcule o que deve ser pago por um produto, considerando o preço normal de etiqueta e a escolha da condição de pagamento. Utilize os códigos da tabela a seguir para ler qual a condição de pagamento escolhida e efetuar o cálculo adequado.

Código	Condição de pagamento
1	À vista em dinheiro ou cheque, recebe 10% de desconto
2	À vista no cartão de crédito, recebe 5% de desconto
3	Em duas vezes, preço normal de etiqueta sem juros
4	Em três vezes, preço normal de etiqueta mais juros de 10%

2.9 Elabore um algoritmo que leia o valor de dois números inteiros e a operação aritmética desejada; calcule, então, a resposta adequada. Utilize os símbolos da tabela a seguir para ler qual a operação aritmética escolhida.

Símbolo	Operação aritmética
+	Adição
–	Subtração
*	Multiplicação
/	Divisão

2.10 O IMC – Índice de Massa Corporal é um critério da Organização Mundial de Saúde para dar uma indicação sobre a condição de peso de uma pessoa adulta. A fórmula é IMC = peso / $(\text{altura})^2$. Elabore um algoritmo que leia o peso e a altura de um adulto e mostre sua condição.

IMC em adultos	Condição
abaixo de 18,5	abaixo do peso
entre 18,5 e 25	peso normal
entre 25 e 30	acima do peso
acima de 30	obeso

ESTRUTURAS DE REPETIÇÃO

Voltando ao **Algoritmo 3.4**, que calcula a média aritmética, quantas vezes ele será executado? Do modo em que se encontra o processamento, só é realizado uma única vez e para um único aluno. E se forem mais alunos?

Como já vimos, podemos solucionar esse problema escrevendo o algoritmo em questão uma vez para cada aluno. Ou seja, se forem 50 alunos, teríamos de escrevê-lo 50 vezes! Trata-se de uma solução simples, porém inviável.

Outro modo de resolver essa questão seria utilizar a mesma seqüência de comandos novamente, ou seja, teríamos de realizar um retrocesso – ao início dos comandos – para cada aluno, fazendo, portanto, com que o fluxo de execução repetisse certo trecho do algoritmo, o que nessa aplicação corresponderia a repetir o mesmo trecho 50 vezes, sem, no entanto, ter de escrevê-lo 50 vezes.

A esses trechos do algoritmo que são repetidos damos o nome de **laços de repetição**. O número de repetições pode ser indeterminado, porém necessariamente finito.

> **NOTA**
>
> Os laços de repetição também são conhecidos por sua tradução em inglês: *loops* ou *looping*. Ganham esse nome por lembrarem uma execução finita em círculos, que depois segue seu curso normal.

REPETIÇÃO COM TESTE NO INÍCIO

Consiste em uma estrutura de controle do fluxo de execução que permite repetir diversas vezes um mesmo trecho do algoritmo, porém, sempre verificando **antes** de cada execução se é 'permitido' executar o mesmo trecho.

Para realizar a repetição com teste no início, utilizamos a estrutura **enquanto**, que permite que um bloco ou uma ação primitiva seja repetida enquanto uma determinada `<condição>` for verdadeira. O modelo genérico desse tipo de repetição é o seguinte:

```
enquanto <condição> faça
   C1;
   C2;
   .
   .
   .
   Cn
fimenquanto;
```

DIAGRAMA

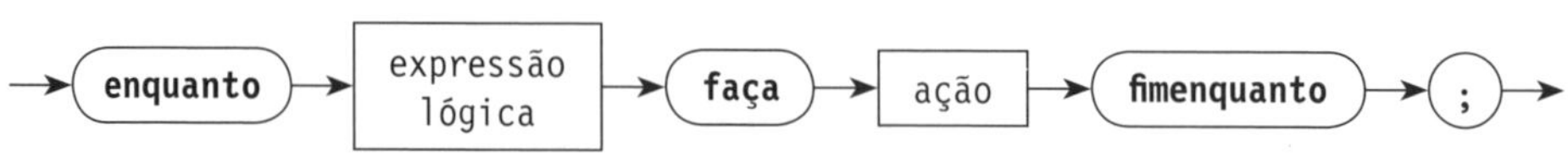

Quando o resultado de `<condição>` for falso, o comando de repetição é abandonado. Se já da primeira vez o resultado é falso, os comandos não são executados nenhuma vez, o que representa a característica principal desse modelo de repetição.

Exemplo

Para inserir o cálculo da média dos alunos em um laço de repetição – utilizando a estrutura **enquanto** – que <condição> utilizaríamos?

A condição seria que a quantidade de médias calculadas fosse menor ou igual a 50; porém, o que indica quantas vezes a média foi calculada? A estrutura (**enquanto**) não oferece esse recurso; portanto, devemos estabelecer um modo de contagem, o que pode ser feito com a ajuda de um **contador** representado por uma variável com um dado valor inicial, o qual é incrementado a cada repetição.

> **NOTA**
>
> **Incrementar** é o mesmo que somar um valor constante (normalmente 1). O ponteiro dos segundos de um relógio é um legítimo **contador** de segundos, que sempre vai incrementando 1 a cada instante de tempo equivalente a 1 segundo. Quando atinge 60 segundos, é a vez do ponteiro dos minutos ser incrementado, e assim por diante.

Exemplo (contador)

```
1. inteiro: CON; // declaração do contador
2. CON ← 0; // inicialização do contador
3. CON ← COM + 1; // incrementar o contador de 1
```

O processo de contagem ocorre na terceira linha, através da expressão aritmética que obtém o valor da variável CON e adiciona 1, armazenando esse resultado na própria variável CON. Repetindo esse comando várias vezes, perceberemos que a variável vai aumentando gradativamente de valor (de 1 em 1), simulando uma contagem de execuções. Para ilustrar o processo na prática, execute mais algumas vezes esta última ação, observando o que acontece com a variável CON.

Aplicando esses conceitos, temos o seguinte algoritmo:

ALGORITMO 3.8 Média aritmética para 50 alunos

```
início
   // declaração de variáveis
   real: N1, N2, N3, N4, // notas bimestrais
         MA; // média anual
   inteiro: CON; // contador
   CON ← 0; // inicialização do contador
   enquanto (CON < 50) faça // teste da condição parada
      leia (N1, N2, N3, N4); // entrada de dados
```

(Continua)

```
        MA ← (N1 + N2 + N3 + N4)/4; // cálculo da média
        escreva ("Média Anual =", MA);
        se (MA >= 7)
           então
              início
                 escreva ("Aluno Aprovado!");
                 escreva ("Parabéns!");
              fim;
           senão
              início
                 escreva ("Aluno Reprovado!");
                 escreva ("Estude Mais!");
              fim;
        fimse;
        CON ← CON + 1; // incrementar o contador em um
     fimenquanto;
fim
```

Devemos observar que o contador CON foi inicializado com o valor 0 antes do laço, e que a cada iteração era incrementado em 1.

Em uma variação do **Algoritmo 3.8**, poderíamos calcular a média geral da turma, que seria a média aritmética das 50 médias anuais, utilizando uma expressão aritmética gigantesca:

```
(M1 + M2 + M3 + M4 + M5 + ... + M49 + M50)/50
```

o que se torna inviável. Podemos utilizar nessa situação as vantagens da estrutura de repetição, fazendo um laço que a cada execução acumule em uma variável, conhecida conceitualmente como **acumulador**, o somatório das médias anuais de cada aluno. Após o término da repetição, teríamos a soma de todas as médias na variável de acumulação, restando apenas dividi-la pela quantidade de médias somadas (50).

Exemplo (acumulador)

```
inteiro: ACM, // declaração do acumulador
         X; // declaração de uma variável numérica qualquer
ACM ← 0; // inicialização do acumulador
ACM ← ACM + X; // acumular em ACM o valor anterior mais o valor de x
```

O processo de acumulação é muito similar ao processo de contagem. A única diferença é que na acumulação o valor adicionado pode variar (variável X, no exemplo), enquanto na contagem o valor adicionado é constante. Para ilustrar o processo na prática, execute mais algumas vezes as duas últimas ações do exemplo acima, observando o que acontece com a variável ACM.

Uma solução para o algoritmo que deve ler a nota de 50 alunos e calcular a média aritmética da turma seria:

ALGORITMO 3.9 Média aritmética de 50 alunos

```
início
   // declaração de variáveis
   real: MA, // média anual de um dado aluno
         ACM, // acumulador
         MAT; // média anual da turma
   inteiro: CON; // contador
   CON ← 0; // inicialização do contador
   ACM ← 0; // inicialização do acumulador
   enquanto (CON < 50) faça // teste de condição
         leia (MA);
         ACM ← ACM + MA; // soma em ACM dos valores lidos em MA
         CON ← CON + 1; // contagem do número de médias fornecidas
   fimenquanto;
   MAT ← ACM/50; // cálculo da média anual da turma
   escreva ("média anual da turma = ", MAT);
fim.
```

O **Algoritmo 3.9** utiliza o pré-conhecimento da quantidade de alunos da turma da qual se desejava a média geral, o que permitiu construir um laço de repetição com quantidade **pré-determinada** de execuções. Entretanto, se não soubéssemos quantos eram os alunos, o que faríamos para controlar o laço de repetição? Precisaríamos de um laço que fosse executado por uma quantidade **indeterminada** de vezes. Assim, teríamos de encontrar outro **critério de parada**, que possibilitasse que o laço fosse finalizado após a última média anual (independente de quantas sejam) ter sido informada. Isso pode ser feito utilizando um valor predefinido como finalizador, a ser informado após a última média.

Para aplicar tal conceito ao algoritmo da média geral da turma, usaremos como **finalizador** o valor –1 que, quando encontrado, encerra o laço sem ter seu valor computado ao acumulador.

ALGORITMO 3.10 Média anual com finalizador (estrutura **enquanto**)

```
início
   real: MA, // média anual de um dado aluno
         ACM, // acumulador
         MAT; // média anual da turma
   inteiro: CON; // contador
   CON ← 0; // inicialização do contador
   ACM ← 0; // inicialização do acumulador
   MA  ← 0; // inicialização da variável de leitura
   enquanto (MA <> –1) faça // teste da condição de parada
      leia (MA);
      se (MA <> –1) então // evita acumulação do finalizador
         início
            ACM  ← ACM + MA; // acumula em ACM os valores lidos em MA
            CON  ← CON + 1; // contagem do número de médias fornecidas
         fim;
```

(Continua)

```
16.          fimse;
17.       fimenquanto;
18.       se (CON > 0) // houve pelo menos uma execução
19.          então
20.             início
21.                MAT ← ACM/CON;
22.                escreva ("Média anual da turma = ", MAT);
23.             fim;
24.          senão
25.             escreva ("Nenhuma média válida fornecida");
26.       fimse;
27.    fim.
```

Devemos observar que a construção desse algoritmo é muito similar ao seu antecessor (**Algoritmo 3.9**), exceto pelas condições adicionais nas linhas 11 e 18. A condição da linha 11 impede que o valor finalizador (–1) seja acumulado e, ao mesmo tempo, evita que o contador seja incrementado. A condição da linha 18 garante que a média somente será calculada se ao menos um valor válido tiver sido fornecido.

Exemplo

Construa um algoritmo que calcule a média aritmética de um conjunto de números pares que forem fornecidos pelo usuário. O valor de finalização será a entrada do número 0. Observe que nada impede que o usuário forneça quantos números ímpares quiser, com a ressalva de que eles não poderão ser acumulados.

ALGORITMO 3.11 Média aritmética de um conjunto de números pares

```
início
   inteiro: N, // número fornecido pelo usuário
            CON, // contador
            ACM; // acumulador
   real: MNP; // média dos números pares
   CON ← 0; // inicialização do contador
   ACM ← 0; // inicialização do acumulador
   N ← 1;   // inicialização da variável de leitura
   enquanto (N > 0) faça // teste da condição de parada
      leia (N);
      se (N > 0) e ((N mod 2)=0) // resto da divisão é igual a zero?
         então // o número é par (divisível por 2) e maior que 0
            início
               ACM ← ACM + N; // acumula em ACM os números pares
               CON ← CON + 1; // contagem de números pares
            fim;
      fimse;
   fimenquanto;
   se (CON > 0) // houve pelo menos um número par válido
      então
```

(Continua)

```
            início
               MNP ← ACM/CON;
               escreva ("Média = ", MNP);
            fim;
         senão
            escreva ("Nenhum par foi fornecido!");
      fimse;
   fim.
```

Repetição com teste no final

Para realizar a repetição com teste no final, utilizamos a estrutura **repita**, que permite que um bloco ou ação primitiva seja repetido **até** que uma determinada condição seja verdadeira. O modelo genérico desse tipo de repetição é o seguinte:

```
repita
   C1;
   C2;
   .
   .
   .
   Cn;
até <condição>;
```

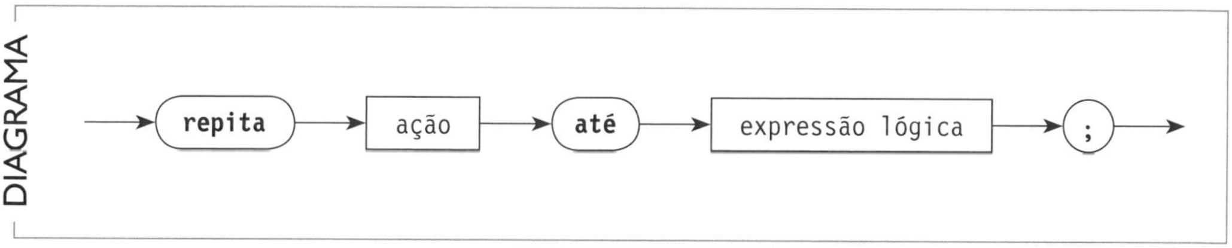

Pela sintaxe da estrutura, observamos que o bloco (`C1...Cn`) é executado pelo menos uma vez, independentemente da validade da condição. Isso ocorre porque a inspeção da condição é feita após a execução do bloco, o que representa a característica principal desse modelo de repetição.

Exemplos

a. Reescrevendo o **Algoritmo 3.9**, que lê a média anual de 50 alunos e calcula a média geral da turma, e utilizando a estrutura de repetição com teste no final, teríamos:

ALGORITMO 3.12 Média com **repita**

```
início
   // declaração de variáveis
   real: MA, // média anual de um dado aluno
```

(Continua)

```
        ACM, // acumulador
        MAT; // média anual da turma
    inteiro: CON; // contador
    CON ← 0;
    ACM ← 0;
    repita
       leia (MA);
       ACM ← ACM + MA;
       CON ← CON + 1;
    até (CON >= 50); // teste de condição
    MAT ← ACM/50;
    escreva ("Média anual da turma =", MAT);
fim.
```

A utilização de uma estrutura **repita** no lugar de uma estrutura **enquanto** corresponde a utilizar como condição para o **repita** a negação da condição do **enquanto**.

b. Imagine uma brincadeira entre dois colegas, na qual um pensa um número e o outro deve fazer chutes até acertar o número imaginado. Como dica, a cada tentativa é dito se o chute foi alto ou foi baixo. Elabore um algoritmo dentro deste contexto, que leia o número imaginado e os chutes, ao final mostre quantas tentativas foram necessárias para descobrir o número.

ALGORITMO 3.13 Descoberta do número

```
início
   inteiro: NUM, // número inicial a ser descoberto
            CHUTE, // tentativa de acerto do número
            TENT; // tentativa de acerto do número
   TENT ← 0;
   leia (NUM);
   repita
      leia (CHUTE);
      TENT ← TENT + 1;
      se (CHUTE > NUM)
         então escreva ("Chutou alto!");
         senão se (CHUTE < NUM)
                  então escreva ("Chutou baixo!");
               fimse;
      fimse;
   até (NUM = CHUTE);
   escreva (TENT);
fim.
```

Observamos que:

- a estrutura de repetição não possui um número determinado de iterações, pois o laço continuará sendo executado até que o usuário acerte o número pensado, condição (NUM = CHUTE);

- o laço é executado pelo menos uma vez, e se este for o caso o usuário teve bastante sorte e acertou o número na primeira tentativa (TENT será igual a um);

c. Construa um algoritmo que permita fazer um levantamento do estoque de vinhos de uma adega, tendo como dados de entrada tipos de vinho, sendo: 'T' para tinto, 'B' para branco e 'R' para rosê. Especifique a porcentagem de cada tipo sobre o total geral de vinhos; a quantidade de vinhos é desconhecida, utilize como finalizador 'F' de fim.

ALGORITMO 3.14 Repita com escolha

```
início
   caracter: TV; // tipo de vinho
   inteiro: CONV, // contador de vinho
            CT, // contador de tinto
            CB, // contador de branco
            CR; // contador de rosê
   real: PT, PB, PR; // porcentagem de tinto, branco e rosê
   // inicialização dos diversos contadores
   CONV ← 0;
   CT ← 0;
   CB ← 0;
   CR ← 0;
   repita
      leia (TV);
      escolha TV
         caso "T": CT ← CT + 1;
         caso "B": CB ← CB + 1;
         caso "R": CR ← CR + 1;
      fimescolha;
      CONV ← CONV + 1;
   até TV = "F";
   CONV ← CONV - 1; // descontar o finalizador "F"
   se (CONV > 0)
      então
         início
            PT ← (AT*100)/CONV;
            PB ← (AB*100)/CONV;
            PR ← (AR*100)/CONV;
               escreva ("Porcentagem de Tintos = ", PT);
               escreva ("Porcentagem de Brancos = ", PB);
               escreva ("Porcentagem de Rosês = ", PR);
         fim;
      senão
         escreva ("Nenhum tipo de vinho foi fornecido!")
   fimse;
fim.
```

Observamos que:

- além do contador geral de vinhos (CONV), foi necessário utilizar um contador para cada tipo de vinho, CT, CB e CR;
- esta é uma aplicação típica da seleção de múltipla escolha, em que cada tipo de vinho corresponde a um caso;
- após o laço de repetição, o contador geral de vinhos foi decrementado em 1, para descontar o finalizador 'F'.

Repetição com variável de controle

Nas estruturas de repetição vistas até agora, ocorrem casos em que se torna difícil determinar o número de vezes em que o bloco será executado. Sabemos que ele será executado enquanto uma condição for satisfeita – **enquanto** – ou até que uma condição seja satisfeita – **repita**. A estrutura **para** é diferente, já que sempre repete a execução do bloco um número predeterminado de vezes, pois ela não prevê uma condição e possui limites fixos.

O modelo genérico para a estrutura de repetição **para** é o seguinte:

```
para V de vi até vf passo p faça
    C1;
    C2;
    .
    .
    .
    Cn;
fimpara;
```

Em que:

- V é a variável de controle;
- vi é o valor inicial da variável V;
- vf é o valor final da variável V, ou seja, o valor até o qual ela vai chegar;
- p é o valor do incremento dado à variável V.

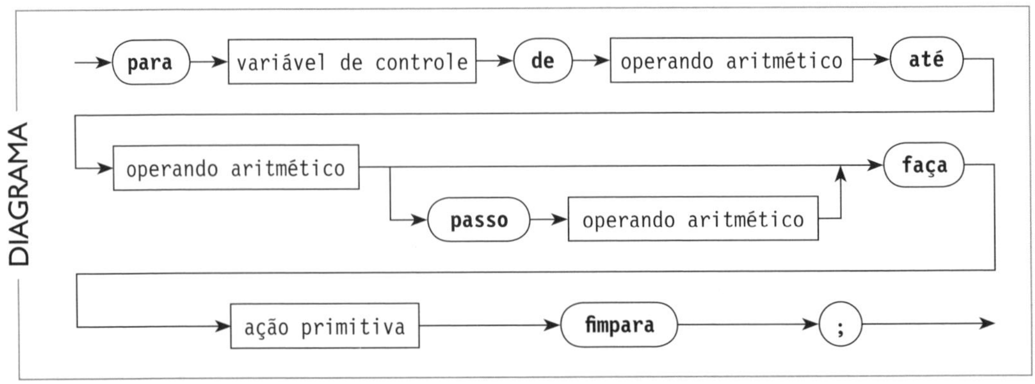

Possuímos, então, um laço com contador de forma compacta, em que sempre temos uma inicialização (vi)da variável de controle (V), um teste para verificar se a variável atingiu o limite (vf) e um acréscimo (incremento de p) na variável de controle após cada execução do bloco de repetição.

Exemplos

a. Voltando ao cálculo da média aritmética de uma turma fixa de 50 alunos, resolvendo o problema com a repetição **para**, teríamos:

ALGORITMO 3.15 Média anual de 50 alunos (com **para**)

```
início
   real: MA, // média anual de um dado aluno
         ACM, // acumulador
         MAT; // média anual da turma
   inteiro: V; // variável de controle
   ACM ← 0;
   para V de 1 até 50 passo 1 faça
      leia (MA);
      ACM ← ACM + MA;
   fimpara;
   MAT ← ACM/50;
   escreva ("média anual da turma =", MAT);
fim.
```

b. Elabore um algoritmo que efetue a soma de todos os números ímpares que são múltiplos de 3 e que se encontram no conjunto dos números de 1 até 500.

ALGORITMO 3.16 Soma dos números múltiplos de 3

```
início
   inteiro: SI, // soma dos números ímpares
                // múltiplos de três
            V;  // variável de controle
   SI ← 0;
   para V de 1 até 50 passo 1 faça
      se (V mod 2 = 1) // o número é ímpar?
         então
            início
               se (V mod 3 = 0) // múltiplo de três?
                  então SI ← SI + V;
               fimse;
            fim;
      fimse;
   fimpara;
   escreva ("Soma =", SI);
fim.
```

Observamos também dois aspectos interessantes dessa estrutura de repetição:

- Nem sempre a variável de controle atinge o valor final estabelecido. Isso pode ocorrer quando é utilizado um passo maior que 1 e, nesse caso, a repetição termina quando a variável de controle ameaçar ultrapassar o valor final.
  Exemplo: para I de 1 a 10 passo 2 // A variável i vai chegar até 9
- O laço de repetição sempre será executado pelo menos uma vez, porque no mínimo ocorrerá a atribuição do valor inicial para a variável de controle.
  Exemplo: para I de 1 até 10 passo 10 // A variável i vai chegar até 1

c. Elabore um algoritmo que simule uma contagem regressiva de 10 minutos, ou seja, mostre 10:00, e então 9:59, 9:58, ..., 9:00; 8:59, 8:58, até 0:00.

ALGORITMO 3.17 Contagem regressiva

```
início
   inteiro: MIN, // contador dos Minutos
            SEG; // contador dos Segundos
   escreva ("10:00");
   para MIN de 9 até 0 passo -1 faça
      para SEG de 59 até 0 passo -1 faça
         escreva (MIN, ":", SEG);
      fimpara;
   fimpara;
fim.
```

Observamos que:

- o passo utilizado nas duas estruturas foi negativo (–1), isto significa que a cada iteração dos laços de repetição as variáveis de controle MIN e SEG estarão sendo decrementadas de um. Este é o mesmo conceito do contador apresentado no **Algoritmo 3.8**, pois o valor do passo é unitário, porém nesse caso, negativo;
- para mostrar a contagem regressiva utilizamos dois laços de repetição, sendo que o mais interno, responsável pelos segundos, completa um conjunto de 60 iterações para cada minuto, que por sua vez executa apenas 10 iterações.

Comparação entre estruturas de repetição

Todas as estruturas de repetição apresentadas cumprem o papel de possibilitar a criação de laços de repetição dentro de um algoritmo. Convém conhecermos bem as características de cada uma, para melhor utilizá-las conforme nossa conveniência.

A **Tabela 3.6** apresenta um quadro comparativo:

Tabela 3.6 Comparação entre as estruturas de repetição

Estrutura	Condição	Quantidade de Execuções	Condição de Existência
Enquanto	Início	0 ou muitas	condição verdadeira
Repita	Final	mínimo 1	condição falsa
Para	não tem	((vf-vi) div p)+1	v <= vf

Exemplos

a. Elabore um algoritmo que, utilizando as três estruturas de repetição, imprima a tabuada do número 5:

- utilizando **enquanto**:

ALGORITMO 3.18 Tabuada do número 5 usando **enquanto**

```
início
   inteiro: CON;
   CON ← 1;
   enquanto (CON <= 10) faça
      escreva (CON, " x 5 = ", CON * 5);
      CON ← CON + 1;
   fimenquanto;
fim.
```

- utilizando **repita**:

ALGORITMO 3.19 Tabuada do número 5 usando **repita**

```
início
   inteiro: CON;
   CON ← 1;
   repita
      escreva (CON, " x 5 = ", CON * 5);
      CON ← CON + 1;
   até (CON > 10);
fim.
```

- utilizando **para**:

ALGORITMO 3.20 Tabuada do número 5 usando **para**

```
início
   inteiro: CON;
   CON ← 1;
   para CON de 1 até 10 passo 1 faça
      escreva (CON, " x 5 = ", CON * 5);
   fimpara;
fim.
```

b. Modifique o algoritmo para que ele imprima a tabuada de quaisquer números, sendo que esses são fornecidos pelo usuário, até encontrar como finalizador –1. Sabendo que o primeiro número-base fornecido não é –1:

- utilizando **enquanto**:

ALGORITMO 3.21 Tabuada de qualquer número usando **enquanto**

```
início
   inteiro: N, // número-base
            CON; // contador
   leia (N);
   enquanto (N <> –1) faça
      CON ← 1;
      enquanto (CON <= 10) faça
         escreva (CON, " x ", N, " = ", CON * N);
         CON ← CON + 1;
      fimenquanto;
      leia (N);
   fimenquanto;
fim.
```

- utilizando **repita**:

ALGORITMO 3.22 Tabuada de qualquer número usando **repita**

```
início
   inteiro: N, // número-base
            CON; // contador
   leia (N);
   repita
      CON ← 1;
      repita
         escreva (CON, " x ", N, " = ", CON * N);
         CON ← CON + 1;
      até (CON > 10);
      leia (N);
   até (N = –1);
fim.
```

- utilizando **para**:

ALGORITMO 3.23 Tabuada de qualquer número usando **para**

```
início
   inteiro: N, // número-base
            CON; // contador
            X; // variável de controle
   leia (N);
   para X de 1 até ? passo 1 faça // número de repetições
                                  // é indefinido!
```

(Continua)

```
8.       CON ← 1;
9.       para CON de 1 até 10 passo 1 faça
10.         escreva (CON, " x ", N, " = ", CON*N);
11.         CON ← CON + 1;
12.      fimpara;
13.      leia (N);
14.   fimpara;
15. fim.
```

Verificamos na linha 6 desse exemplo a impossibilidade de construir esse algoritmo utilizando a estrutura **para**, pois esta exige que o número de repetições, além de ser finito, seja predeterminado.

Exercícios de fixação 3

3.1 Dado o algoritmo a seguir, responda:

```
início
   inteiro: A, B, I, J;
   leia (A);
   repita
      para I de 1 até A passo 1 faça
         J ← I;
         enquanto (J <= A) faça
            escreva (J);
            J ← J + 1;
         fimenquanto;
      fimpara;
      B ← A;
      leia (A);
   até ((A = B) ou (A <= 0));
fim.
```

a) O que será mostrado se forem fornecidos os números 4 e 0.

b) O que será mostrado se forem fornecidos os números 3, 2 e 2.

c) O que será mostrado se forem fornecidos os números 2, 1, e 0.

d) O que será mostrado se forem fornecidos os números 1 e 0.

3.2 Elabore um algoritmo que calcule um número inteiro que mais se aproxima da raiz quadrada de um número fornecido pelo usuário.

3.3 Construa um algoritmo que verifique se um número fornecido pelo usuário é primo ou não.

3.4 Sendo $H = 1 + 1/2 + 1/3 + 1/4 + ... + 1/N$, escreva um algoritmo para gerar o número H. O número N é fornecido pelo usuário.

3.5 Elabore um algoritmo que calcule N! (fatorial de N), sendo que o valor inteiro de N é fornecido pelo usuário.

Sabendo que

- $N! = 1 \times 2 \times 3 \times ... \times (N - 1) \times N$;
- $0! = 1$, por definição.

3.6 A série de Fibonacci é formada pela seguinte seqüência: 1, 1, 2, 3, 5, 8, 13, 21, 34, 55... etc. Escreva um algoritmo que gere a série de Fibonacci até o vigésimo termo.

3.7 Escreva um algoritmo que leia um conjunto de 20 números inteiros e mostre qual foi o maior e o menor valor fornecido.

EXERCÍCIOS PROPOSTOS

Estruturas de seqüenciação

1. Construa um algoritmo que calcule a média ponderada entre 5 números quaisquer, sendo que os pesos a serem aplicados são 1, 2, 3, 4 e 5 respectivamente.

2. Elabore um algoritmo que calcule a área de um círculo qualquer de raio fornecido.

3. Prepare um algoritmo capaz de inverter um número, de 3 dígitos, fornecido, ou seja, apresentar primeiro a unidade e, depois, a dezena e a centena.

4. Ao completar o tanque de combustível de um automóvel, faça um algoritmo que calcule o consumo efetuado, assim como a autonomia que o carro ainda teria antes do abastecimento. Considere que o veículo sempre seja abastecido até encher o tanque e que são fornecidas apenas a capacidade do tanque, a quantidade de litros abastecidos e a quilometragem percorrida desde o último abastecimento.

5. Dada uma determinada data de aniversário (dia, mês e ano separadamente), elabore um algoritmo que solicite a data atual (dia, mês e ano separadamente) e calcule a idade em anos, em meses e em dias.

6. Um dado comerciante maluco cobra 10% de acréscimo para cada prestação em atraso e depois dá um desconto de 10% sobre esse valor. Faça um algoritmo que solicite o valor da prestação em atraso e apresente o valor final a pagar, assim como o prejuízo do comerciante na operação.

Estruturas de seleção

7. Escreva um algoritmo que, a partir de um mês fornecido (número inteiro de 1 a 12), apresente o nome dele por extenso ou uma mensagem de mês inválido.

8. Elabore um algoritmo que, a partir de um dia, mês e ano fornecidos, valide se eles compõem uma data válida. Não deixe de considerar os meses com 30 ou 31 dias, e o tratamento de ano bissexto.

9. Escreva o signo do zodíaco correspondente ao dia e mês informado.

10. A partir da idade informada de uma pessoa, elabore um algoritmo que informe a sua classe eleitoral, sabendo que menores de 16 não votam (não votante), que o voto é obrigatório para adultos entre 18 e 65 anos (eleitor obrigatório) e que o voto é opcional para eleitores entre 16 e 18, ou maiores de 65 anos (eleitor facultativo).

11. Construa um algoritmo que seja capaz de dar a classificação olímpica de 3 países informados. Para cada país é informado o nome, a quantidade de medalhas de ouro, prata e bronze. Considere que cada medalha de ouro tem peso 3, cada prata tem peso 2 e cada bronze, peso 1.

12. Construa um algoritmo que seja capaz de concluir qual dentre os seguintes animais foi escolhido, através de perguntas e respostas. Animais possíveis: leão, cavalo, homem, macaco, morcego, baleia, avestruz, pingüim, pato, águia, tartaruga, crocodilo e cobra.

Exemplo

É mamífero? Sim.

É quadrúpede? Sim.

É carnívoro? Não.

É herbívoro? Sim.

Então o animal escolhido foi o cavalo.

Utilize as seguintes classificações:

Estruturas de repetição

13. Elabore um algoritmo que obtenha o mínimo múltiplo comum (MMC) entre dois números fornecidos.

14. Elabore um algoritmo que obtenha o máximo divisor comum (MDC) entre dois números fornecidos.

15. Faça um algoritmo que seja capaz de obter o quociente inteiro da divisão de dois números fornecidos, sem utilizar a operação de divisão (/) e nem divisão inteira (div).

16. Faça um algoritmo que seja capaz de obter o resultado de uma exponenciação para qualquer base e expoente inteiro fornecidos, sem utilizar a operação de exponenciação (pot).

17. Construa um algoritmo que gere os 20 primeiros termos de uma série tal qual a de Fibonacci, mas que cujos 2 primeiros termos são fornecidos pelo usuário.

18. Construa um algoritmo que, dado um conjunto de valores inteiros e positivos, determine qual o menor e o maior valor do conjunto. O final do conjunto de valores é conhecido pelo valor –1, que não deve ser considerado.

19. A conversão de graus Fahrenheit para centígrados é obtida pela fórmula $C = 5/9(F - 32)$. Escreva um algoritmo que calcule e escreva uma tabela de graus centígrados em função de graus Fahrenheit que variem de 50 a 150 de 1 em 1.

20. Uma rainha requisitou os serviços de um monge e disse-lhe que pagaria qualquer preço. O monge, necessitando de alimentos, perguntou à rainha se o pagamento poderia ser feito com grãos de trigo dispostos em um tabuleiro de xadrez, de tal forma que o primeiro quadro contivesse apenas um grão e os quadros subseqüentes, o dobro do quadro anterior. A rainha considerou o pagamento barato e pediu que o serviço fosse executado, sem se dar conta de que seria impossível efetuar o pagamento. Faça um algoritmo para calcular o número de grãos que o monge esperava receber.

21. Em uma eleição presidencial existem quatro candidatos. Os votos são informados por código. Os dados utilizados para a escrutinagem obedecem à seguinte codificação:

- 1,2,3,4 = voto para os respectivos candidatos;
- 5 = voto nulo;
- 6 = voto em branco.

Elabore um algoritmo que calcule e escreva:

- o total de votos para cada candidato e seu porcentual sobre o total;
- o total de votos nulos e seu porcentual sobre o total;
- o total de votos em branco e seu porcentual sobre o total.

Como finalizador do conjunto de votos, tem-se o valor 0.

22. Escreva um algoritmo que imprima todas as possibilidades de que no lançamento de dois dados tenhamos o valor 7 como resultado da soma dos valores de cada dado.

23. Elabore um algoritmo que imprima todos os números primos existentes entre N1 e N2, em que N1 e N2 são números naturais fornecidos pelo usuário.

24. Construa um algoritmo que leia um conjunto de dados contendo altura e sexo ('M' para masculino e 'F' para feminino) de 50 pessoas e, depois, calcule e escreva:

- a maior e a menor altura do grupo;
- a média de altura das mulheres;
- o número de homens e a diferença porcentual entre eles e as mulheres.

25. Prepare um algoritmo que calcule o valor de H, sendo que ele é determinado pela série

H = 1/1 + 3/2 + 5/3 + 7/4 + ... + 99/50.

26. Elabore um algoritmo que determine o valor de S, em que:

S = 1/1 – 2/4 + 3/9 – 4/16 + 5/25 – 6/36 ... – 10/100.

27. Escreva um algoritmo que calcule e escreva a soma dos dez primeiros termos da seguinte série:

2/500 – 5/450 + 2/400 – 5/350 + ...

28. Construa um algoritmo que calcule o valor dos dez primeiros termos da série H, em que:
H = 1/pot(1,3) – 1/pot(3,3) + 1/pot(5,3) – 1/pot(7,3) + 1/pot(9,3) – ...

29. Uma agência de publicidade quer prestar serviços somente para as maiores companhias – em número de funcionários – em cada uma das classificações: grande, média, pequena e microempresa. Para tal, consegue um conjunto de dados com o código, o número de funcionários e o porte da empresa. Construa um algoritmo que liste o código da empresa com maiores recursos humanos dentro de sua categoria. Utilize como finalizador o código de empresa igual a 0.

30. Calcule o imposto de renda de um grupo de dez contribuintes, considerando que os dados de cada contribuinte, número do CPF, número de dependentes e renda mensal são valores fornecidos pelo usuário. Para cada contribuinte será feito um desconto de 5% do salário mínimo por dependente.

Os valores da alíquota para cálculo do imposto são:

Renda líquida	**Alíquota**
Até 2 salários mínimos	Isento
2 a 3 salários mínimos	5%
3 a 5 salários mínimos	10%
5 a 7 salários mínimos	15%
Acima de 7 salários mínimos	20%

Observe que deve ser fornecido o valor atual do salário mínimo para que o algoritmo calcule os valores corretamente.

31. Foi realizada uma pesquisa sobre algumas características físicas da população de uma certa região, a qual coletou os seguintes dados referentes a cada habitante para análise:

- sexo ('M' – masculino ou 'F' – feminino);
- cor dos olhos ('A' – azuis, 'V' – verdes ou 'C'– castanhos);
- cor dos cabelos ('L' – loiros, 'C' – castanhos ou 'P'– pretos);
- idade.

Faça um algoritmo que determine e escreva:

- a maior idade dos habitantes;
- a porcentagem entre os indivíduos do sexo masculino, cuja idade está entre 18 e 35 anos, inclusive;
- a porcentagem do total de indivíduos do sexo feminino cuja idade está entre 18 e 35 anos, inclusive, e que tenham olhos verdes e cabelos loiros.

O final do conjunto de habitantes é reconhecido pelo valor –1 entrando como idade.

32. Anacleto tem 1,50 metro e cresce 2 centímetros por ano, enquanto Felisberto tem 1,10 metro e cresce 3 centímetros por ano. Construa um algoritmo que calcule e imprima quantos anos serão necessários para que Felisberto seja maior que Anacleto.

33. Realizou-se uma pesquisa para determinar alguns dados estatísticos em relação ao conjunto de crianças nascidas em um certo período de uma determinada maternidade. Construa um algoritmo que leia o número de crianças nascidas nesse período e, depois, em um número indeterminado de vezes, o sexo de um recém-nascido prematuro ('M' – masculino ou 'F' – feminino) e o número de dias que este foi mantido na incubadora.

Como finalizador, teremos a letra 'X' no lugar do sexo da criança.

Determine e imprima:

- a porcentagem de recém-nascidos prematuros;
- a porcentagem de recém-nascidos meninos e meninas do total de prematuros;
- a média de dias de permanência dos recém-nascidos prematuros na incubadora;
- o maior número de dias que um recém-nascido prematuro permaneceu na incubadora;

34. Um cinema possui capacidade de 100 lugares e está sempre com ocupação total. Certo dia, cada espectador respondeu a um questionário, no qual constava:

- sua idade;
- sua opinião em relação ao filme, segundo as seguintes notas:

Nota	Significado
A	Ótimo
B	Bom
C	Regular
D	Ruim
E	Péssimo

Elabore um algoritmo que, lendo esses dados, calcule e imprima:

- a quantidade de respostas Ótimo;
- a diferença porcentual entre respostas Bom e Regular;
- a média de idade das pessoas que responderam Ruim;
- a porcentagem de respostas Péssimo e a maior idade que utilizou essa opção;
- a diferença de idade entre a maior idade que respondeu Ótimo e a maior idade que respondeu Ruim.

35. Em um prédio há três elevadores denominados A, B e C. Para otimizar o sistema de controle dos elevadores foi realizado um levantamento no qual cada usuário respondia:

- o elevador que utilizava com mais freqüência;
- o período em que utilizava o elevador, entre
    - 'M' = matutino;
    - 'V' = vespertino;
    - 'N' = noturno.

Construa um algoritmo que calcule e imprima:

- qual é o elevador mais freqüentado e em que período se concentra o maior fluxo;
- qual o período mais usado de todos e a que elevador pertence;
- qual a diferença porcentual entre o mais usado dos horários e o menos usado;
- qual a porcentagem sobre o total de serviços prestados do elevador de média utilização.

RESUMO

Neste capítulo vimos que o fluxo de execução de um algoritmo segue uma **estrutura seqüencial**, que significa que o algoritmo é executado passo a passo, seqüencialmente, da primeira à última ação. Vimos a **estrutura de seleção**, que permite que uma ação (ou bloco) seja ou não executada, dependendo do valor resultante da inspeção de uma **condição**. A seleção pode ser **simples**, quando contém apenas a cláusula `então`; ou **composta**, quando contém `então` e `senão`; quando é **encadeada**, pode ser **homogênea** ou **heterogênea**. Verificamos que seleções encadeadas homogêneas são muito comuns, por isso especificamos a seleção de **múltipla escolha**, que apresenta **casos** que são avaliados. Por último, apresentamos a **estrutura de repetição**, que permite que trechos de algoritmos sejam repetidos conforme certos **critérios de parada**, e verificamos que podemos construir os laços de repetição de três maneiras: repetição com teste no início – **enquanto**; repetição com teste no final – **repita**; e repetição com variável de controle – **para**. Observamos que no **enquanto** o laço pode não ser executado, pois a condição está no início; que no **repita** o laço é executado pelo menos uma vez, pois a condição está no final; e que no **para** é necessário um número finito e determinado de iterações, pois é preciso conhecer o valor final da variável de controle do laço.

ESTRUTURAS DE DADOS

4

Objetivos

Apresentar o conceito, a aplicação e a manipulação de vetores e matrizes. Apresentar o conceito, aplicação e manipulação de registros. Explicar a aplicabilidade da combinação dessas estruturas e como manipulá-las.

- O que são estruturas de dados
- Como declarar e manipular estruturas de dados
- Vetores
- Matrizes
- Registros

INTRODUÇÃO

Retornando ao conceito de informação e tipos de informação, podemos notar que foi feita uma divisão imaginária, a fim de tornar mais simples a classificação das informações. Talvez alguns já tenham notado que a quantidade de tipos de dados estipulados (tipos primitivos) não é suficiente para representar toda e qualquer informação que possa surgir. Portanto, em muitas situações esses recursos de representação são escassos, o que poderia ser suprido se existissem mais tipos de dados ou, ainda melhor, se esses tipos pudessem ser 'construídos', criados, à medida que se fizessem necessários.

Construiremos novos tipos, denominados **tipos construídos**, a partir da composição de tipos primitivos. Esses novos tipos têm um formato denominado **estrutura de dados**, que define como os tipos primitivos estão organizados. De forma análoga, anteriormente, as gavetas podiam comportar apenas um dado e, segundo esse novo conceito, uma gaveta poderia comportar um conjunto de dados, desde que previamente organizadas, divididas em compartimentos. Apenas pelo fato de constituírem novos tipos, estes são estranhos ao algoritmo e, portanto, devem ser definidos em cada detalhe de sua estrutura.

Exemplificando, tentemos descobrir ou lembrar o que significa a palavra 'atilho'. Provavelmente, deve ser desconhecida de muitos. Assim, se esta palavra fosse freqüentemente utilizada, seria conveniente defini-la antes, daí a necessidade de definirmos os novos tipos de dados, tanto para termos um identificador como para sabermos exatamente o que ele representa e qual sua composição. Definindo, então, 'atilho' é o coletivo de espigas e representa quatro espigas amarradas.

Variáveis compostas homogêneas

Assim como na Teoria dos Conjuntos, uma variável pode ser interpretada como um elemento e uma Estrutura de Dados, como um conjunto. Quando uma determinada Estrutura de Dados é composta de variáveis com o mesmo tipo primitivo, temos um conjunto homogêneo de dados. Podemos considerar que uma variável composta homogênea seja como uma alcatéia, e seus elementos (variáveis) sejam como os lobos (que são da mesma espécie).

Variáveis compostas unidimensionais

Para entender variáveis compostas unidimensionais, imaginemos um edifício com um número finito de andares, representando uma estrutura de dados, e seus andares, partições dessa estrutura. Visto que os andares são uma segmentação direta do prédio, estes compõem então o que chamaremos de **estrutura composta unidimensional** (uma dimensão).

Declaração

Nomearemos as estruturas unidimensionais homogêneas de **vetores**. Para usarmos um vetor precisamos primeiramente definir em detalhes como é constituído o tipo construído e, depois, declarar uma variável, associando um identificador de variável ao identificador do tipo vetor.

Para definir o tipo construído vetor seguimos a seguinte regra sintática:

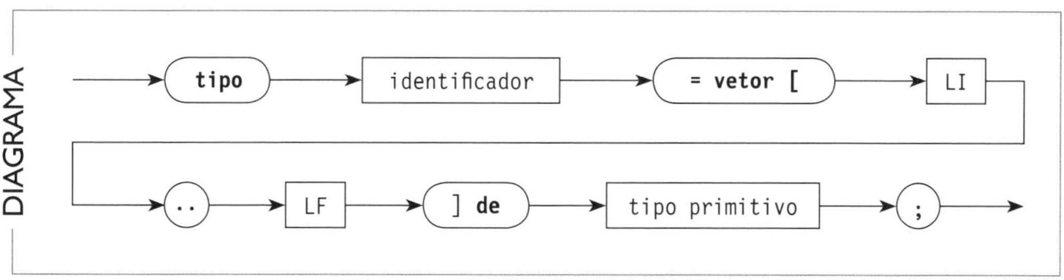

Em que:

LI: representa o limite inicial do vetor;

LF: representa o limite final do vetor;

tipo primitivo: representa qualquer um dos tipos básicos ou tipo anteriormente definido.

Exemplo

Um vetor de 40 posições reais poderia ter a seguinte definição e declaração:

```
tipo CLASSE = vetor [1..40] de reais; // definição do tipo vetor
CLASSE: VCLASSE; // declaração da variável vetor
```

A **Figura 4.1** ilustra como o vetor VCLASSE, do tipo construído CLASSE, poderia ser representado. Observamos que a primeira posição do vetor é 1, que é o limite inicial (LI), e que a última posição é 40, que é o limite final (LF).

FIGURA 4.1 Vetor VCLASSE

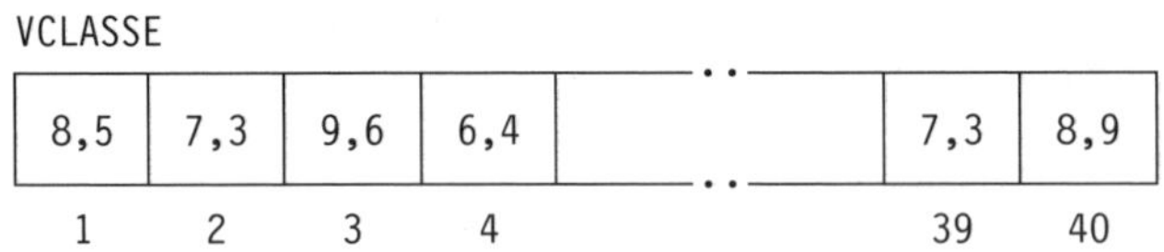

Devemos ressaltar que LI e LF devem ser obrigatoriamente constantes inteiras e LI < LF.

O número de elementos do vetor será dado por LF – LI + 1. Isto significa que as posições do vetor são identificadas a partir de LI, com incrementos unitários, até LF, conforme representado na **Figura 4.2**.

FIGURA 4.2 Vetor genérico

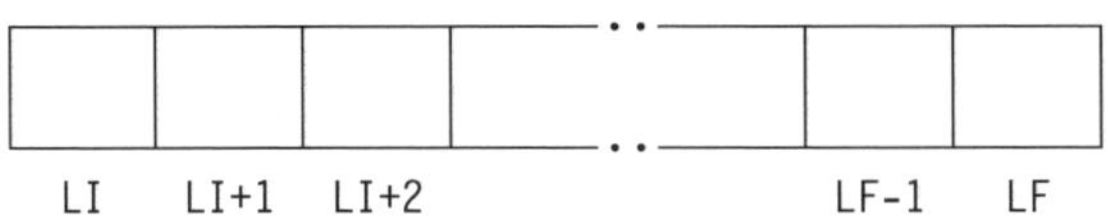

Manipulação

Ao imaginarmos o elevador de um prédio, sabemos que este é capaz de acessar qualquer um de seus andares. Entretanto, não basta saber qual andar desejamos atingir se não soubermos o nome do edifício, pois qualquer um possui andares. O que precisamos saber de antemão é o nome do edifício e só então nos preocuparmos para qual daqueles andares queremos ir.

O mesmo acontece com os vetores, visto que são compostos por diversos dados e, como podem existir muitos vetores, torna-se necessário determinar primeiro qual vetor contém o dado desejado e, depois, especificar em qual posição este se encontra.

A **Figura 4.3** mostra um dado em particular dentro do vetor VCLASSE.

Exemplo

FIGURA 4.3 Exemplo de posição em um vetor

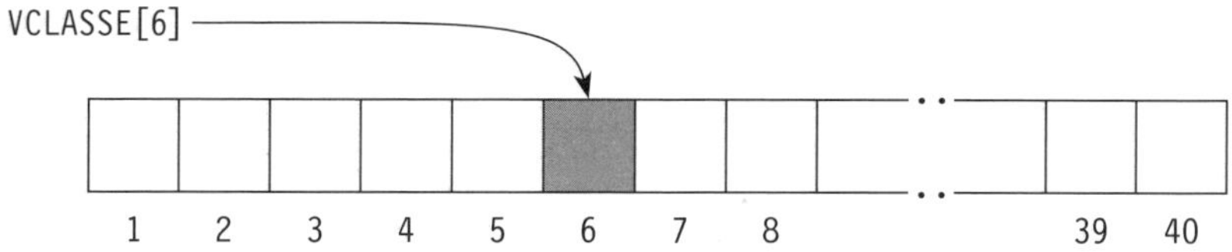

O nome do vetor é determinado por meio do identificador utilizado na declaração de variáveis, e a posição, por meio da constante, da expressão aritmética ou da variável que estiver dentro dos colchetes, também denominada **índice**.

> **NOTA**
>
> É importante não confundir o índice com o elemento. O índice é a posição no vetor (o andar do prédio), enquanto o elemento é o que está contido naquela posição (o conteúdo do andar).

Após isolar um único elemento do vetor, poderemos manipulá-lo através de qualquer operação de entrada, saída ou atribuição.

Exemplo

```
V[5] ← 28;
leia (V[5]);
escreva (V[5]);
```

As estruturas de dados são estritamente relacionadas com os algoritmos. Então, para uma melhor percepção desses conceitos, utilizaremos a situação de construir um algoritmo que calcule a média aritmética geral de uma classe com dez alunos e imprimir a quantidade de notas acima da média calculada.

Normalmente, para calcular a média, faríamos:

ALGORITMO 4.1 Cálculo da média aritmética de 10 notas

```
início
   real: MA, // média anual de um dado aluno
         ACM, // acumulador
         MAT; // média anual da turma
   inteiro: CON; // contador
   CON ← 0;
   ACM ← 0;
   enquanto (CON < 10) faça
```

(Continua)

```
      leia (MA);
      ACM ← ACM + MA;
      CON ← CON + 1;
   fimenquanto;
   MAT ← ACM/10;
   escreva ("Média anual da turma = ", MAT);
fim.
```

Entretanto surge um problema: para proceder a contagem dos alunos com nota acima da média da turma, faz-se necessária a comparação de cada uma das dez notas com o conteúdo da variável MAT. Porém, todas as notas foram lidas em uma mesma variável (MA) e seu valor foi acumulado em uma segunda variável (ACM), a fim de poder calcular a média (MAT). Isto implica que, ao ter calculado a média, não teríamos acesso às nove notas anteriores que o algoritmo utilizou; deveríamos, portanto, utilizar uma variável para cada nota, algo como:

ALGORITMO 4.2 Notas acima da média usando variáveis simples

```
início
   inteiro: A, B, C, D, E, F, G, H, I, J, NotaAcima;
   real: Média;
   NotaAcima ← 0;
   leia (A, B, C, D, E, F, G, H, I, J);
   Média ← (A+B+C+D+E+F+G+H+I+J)/10;
   se (A > Média)
      então NotaAcima ← NotaAcima + 1;
   fimse;
   se (B > Média)
      então NotaAcima ← NotaAcima + 1;
   fimse;
   se (C > Média)
      então NotaAcima ← NotaAcima + 1;
   fimse;
   se (D > Média)
      então NotaAcima ← NotaAcima + 1;
   fimse;
   se (E > Média)
      então NotaAcima ← NotaAcima + 1;
   fimse;
   se (F > Média)
      então NotaAcima ← NotaAcima + 1;
   fimse;
   se (G > Média)
      então NotaAcima ← NotaAcima + 1;
   fimse;
   se (H > Média)
      então NotaAcima ← NotaAcima + 1;
   fimse;
   se (I > Média)
```

(Continua)

```
        então NotaAcima ← NotaAcima + 1;
     fimse;
     se (J > Média)
        então NotaAcima ← NotaAcima + 1;
     fimse;
     escreva (NotaAcima);
fim.
```

O **Algoritmo 4.2** torna-se impraticável para uma grande quantidade de notas. Seria muito mais coerente se usássemos uma única variável que comportasse muitos dados, isto é, um vetor armazenando cada nota em uma posição diferente do mesmo.

Se quiséssemos parar em todos os andares, bastaria apertar todos os botões. Em outras palavras, teríamos de 'apertar botão' várias vezes, só que a cada vez seria um botão diferente (haveria uma variação). Poderíamos fazer exatamente o mesmo para acessar todos os elementos de um vetor: bastaria utilizar uma variável como índice, a qual teria sua variação controlada de acordo com nossa conveniência. Reescrevendo o exemplo das notas usando um vetor, teríamos:

ALGORITMO 4.3 Notas acima da média usando vetor

```
início
   // definição do tipo construído vetor
   tipo Classe = vetor [1..10] de reais;

   // declaração da variável composta do tipo vetor definido
   Classe: VClasse;

   // declaração das variáveis simples
   real: Soma, Média;
   inteiro: NotaAcima, X;

   // inicialização de variáveis
   Soma ← 0;
   NotaAcima ← 0;

   // laço de leitura de VClasse
   para X de 1 até 10 passo 1 faça
      leia (VClasse[X]);
   fimpara;
   // laço para acumular em Soma os valores de VClasse
   para X de 1 até 10 passo 1 faça
      Soma ← Soma + VClasse[X];
   fimpara;

   Média ← Soma/10; // cálculo da média

   // laço para verificar valores de VClasse que estão
   // acima da média
```

(Continua)

```
29.    para X de 1 até 10 passo 1 faça
30.       se (VClasse[X] > Média)
31.          então NotaAcima ← NotaAcima + 1;
32.       fimse;
33.    fimpara;
35.    escreva (NotaAcima); // número de valores acima da média
36. fim.
```

Podemos observar que o identificador VClasse tem sempre o mesmo nome, mas é capaz de comportar 10 notas, uma em cada uma de suas 10 posições. É justamente aqui que reside uma das principais aplicações práticas dessa estrutura: a utilização de dados diferentes dentro de laços de repetição.

Notemos que existem 3 laços de repetição nesse algoritmo, cada um perfazendo um total de 10 repetições, e que nas linhas 18, 22 e 30 existe uma referência à VClasse[X] no interior desses laços. Isso ocorre porque está sendo utilizado o mesmo identificador (VClasse), mas com uma posição diferente (X) a cada repetição. Uma vez que a variável X assume um valor diferente a cada repetição, é possível ter acesso a uma nova posição do vetor VClasse.

É importante que observemos também que o **Algoritmo 4.3** poderia ser utilizado para resolver o mesmo problema para uma turma de 50 alunos. Bastaria que o vetor fosse ampliado e que os laços de repetição fossem redimensionados.

Exemplos

a. Elabore um algoritmo que leia, some e imprima o resultado da soma entre dois vetores inteiros de 50 posições.

ALGORITMO 4.4 Soma de dois vetores

```
início
   // definição do tipo construído vetor
   tipo V = vetor [1..50] de inteiros;

   // declaração das variáveis compostas
   V: VETA, VETB, VETR;

   // declaração das variáveis simples
   inteiro: X;

   para  X de 1 até 50 passo 1 faça
         leia (VETA[X], VETB[X]);
         VETR[X] ← VETA[X] + VETB[X]
         escreva (VETR[X]);
   fimpara;
fim.
```

b. Construa um algoritmo que preencha um vetor de 100 elementos inteiros, colocando 1 na posição correspondente a um número par e 0 a um número ímpar.

ALGORITMO 4.5 Preenchendo o vetor

```
início
    tipo VMS = vetor [1..100] de inteiros;
    VMS: A;
    inteiro: I;
    para I de 1 até 100 faça
       se ((I mod 2) <> 0)
            então A[I] ← 1;
            senão A[I] ← 0;
       fimse;
    fimpara;
fim.
```

Exercícios de fixação I

1.1 Sendo o vetor V igual a:

V	2	6	8	3	10	9	1	21	33	14
	1	2	3	4	5	6	7	8	9	10

e as variáveis X = 2 e Y = 4, escreva o valor correspondente à solicitação:

a) V[X + 1] b) V[X + 2] c) V[X + 3] d) V[X * 4]
e) V[X * 1] f) V[X * 2] g) V[X * 3] h) V[V[X + Y]]
i) V[X + Y] j) V[8 – V[2]] l) V[V[4]] m) V[V[V[7]]]
n) V[V[1] * V[4]] o) V[X + 4]

1.2 Elabore um algoritmo que, dados dois vetores inteiros de 20 posições, efetue as respectivas operações indicadas por outro vetor de 20 posições de caracteres também fornecido pelo usuário, contendo as quatro operações aritméticas em qualquer combinação e armazenando os resultados em um terceiro vetor.

1.3 Altere o exemplo de soma de vetores para que este realize a seguinte operação: o produto do primeiro vetor pelo inverso do segundo é armazenado a partir do centro para as bordas; de modo alternado, o vetor é de reais e possui 20 posições.

1.4 Desenvolva um algoritmo que leia um vetor de 20 posições inteiras e o coloque em ordem crescente, utilizando a seguinte estratégia de ordenação:

- selecione o elemento do vetor de 20 posições que apresenta o menor valor;
- troque este elemento pelo primeiro;
- repita estas operações, envolvendo agora apenas os 19 elementos restantes (selecionando o de menor valor com a segunda posição), depois os 18 elementos (trocando o de menor valor com a terceira posição), depois os 17, os 16 e assim por diante, até restar um único elemento, o maior deles.

1.5 Desenvolva um algoritmo que leia um vetor de 20 posições inteiras e o coloque em ordem crescente, utilizando como estratégia de ordenação a comparação de pares de elementos adjacentes, permutando-os quando estiverem fora de ordem, até que todos estejam ordenados.

> **OBSERVAÇÃO**
>
> O Exercício 1.4 apresenta um método de ordenação que é tradicionalmente conhecido como **seleção direta**. Já o Exercício 1.5 se refere a um método de ordenação conhecido como ***bubble sort*** ('ordenação por bolhas').

Variáveis compostas multidimensionais

Suponha que, além do acesso pelo elevador até um determinado andar, tenhamos também a divisão desse andar em apartamentos. Para chegar a algum deles, não basta só o número do andar, precisamos também do número do apartamento.

Os vetores têm como principal característica a necessidade de apenas um índice para endereçamento – são estruturas unidimensionais. Uma estrutura que precisasse de mais de um índice, como no caso do edifício dividido em andares divididos em apartamentos, seria denominada **estrutura composta multidimensional**, nesse caso, de duas dimensões (bidimensional).

Declaração

Denominaremos as estruturas compostas homogêneas multidimensionais de **matrizes**. Para usarmos uma matriz precisamos, primeiramente, definir em detalhes como é constituído o tipo construído e, depois, declarar uma ou mais variáveis, associando os identificadores de variáveis ao identificador do tipo matriz.

Para definir o tipo construído matriz, seguimos a regra sintática a seguir:

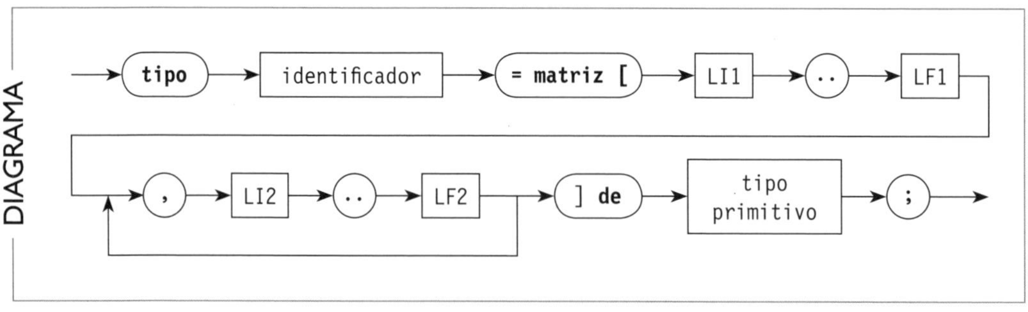

Em que:

`LI1..LF1, LI2..LF2,...`: são os limites dos intervalos de variação dos índices da variável, em que cada par de limites está associado a um índice;

`tipo primitivo`: representa qualquer um dos tipos básicos ou tipo anteriormente definido.

O número de dimensões da matriz é igual ao número de intervalos.

O número de elementos é igual ao produto do número de elementos de cada dimensão: (LF1 – LI1 + 1) * (LF2 – LI2 + 1) * ... * (LFn – Lin + 1).

Exemplos

a. **tipo** M = **matriz** [1..3,2..4,3..4] **de reais;**
   M: MAT;

b. **tipo** SALA = **matriz** [1..4,1..4] **de inteiros;**
   SALA: MSALA
   MAT tem três dimensões e (3 – 1 + 1) * (4 – 2 + 1) * (4 – 3 + 1) = 18 elementos
   MSALA tem duas dimensões e (4 – 1 + 1) * (4 – 1 + 1) = 16 elementos)

Manipulação

Para acessar um elemento em uma estrutura composta multidimensional – matriz – precisamos, como em um edifício, de seu nome, de seu andar e de seu apartamento. Considerando uma estrutura bidimensional (dois índices: andar e apartamento), o primeiro índice indica a linha e o segundo, a coluna.

A **Figura 4.4** ilustra como a matriz MSALA, do tipo construído SALA, poderia ser representada. Observamos na figura o elemento MSALA[2,3], que se encontra na linha 2, coluna 3.

FIGURA 4.4 Matriz MSALA

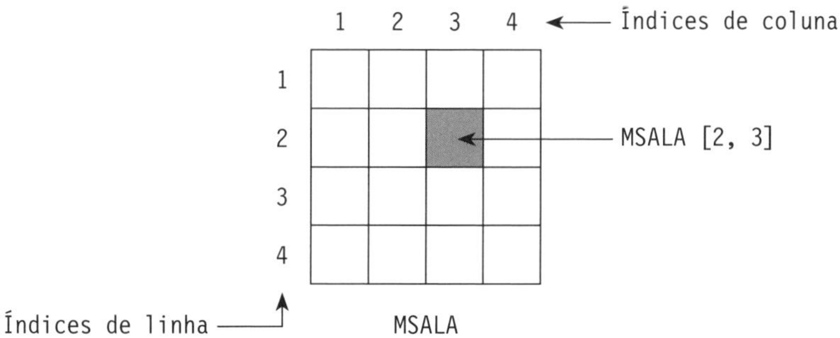

Para matrizes com três dimensões, repete-se a estrutura bidimensional o mesmo número de vezes que o número dos elementos da terceira dimensão, numerando-as de acordo com os limites especificados na declaração de tipo.

Exemplo

A matriz MAT poderia ser representada conforme a **Figura 4.5**:

FIGURA 4.5 Matriz MAT

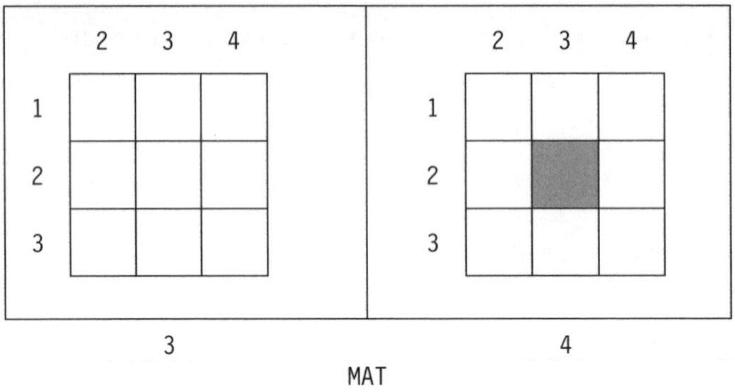

O elemento em destaque na **Figura 4.5** corresponde a `MAT[2,3,4]`.

Observando mais cuidadosamente, percebemos que uma estrutura composta multidimensional é, na realidade, um conjunto de vetores que são determinados por cada intervalo que compõe o tipo matriz.

Para utilizar o vetor, nós o inserimos em um único laço de repetição, fazendo com que haja variação em seu índice. Como em uma estrutura multidimensional possuímos mais de um índice, faz-se necessária a utilização de mais laços de repetição, em mesmo número do que o número de dimensões da matriz.

As matrizes mais utilizadas são as bidimensionais, devido à sua relação direta com muitas aplicações, por exemplo, tabelas, que devem possuir dois laços de repetição. Uma aplicação prática deste exemplo é um jogo de azar muito conhecido, a loteria esportiva.

A **Figura 4.6** ilustra genericamente um modelo de cartão de loteria esportiva.

FIGURA 4.6 Cartão de loteria

Jogo	Coluna 1	Empate	Coluna 2
1	□ cxvdbcd	□	dhghac □
2	□ qwer	□	jehgw □
3	□ rterf	□	jklopu □
4	□ erf	□	hprutwh □
5	□ oykjjytyu	□	jktyergerg □
6	□ tytht	□	svwtoih □
7	□ ijkkyuk	□	nbmvb □
8	□ juju	□	fdfggdgnj □
9	□ yumyumyum	□	dcwssvv □
10	□ mfgfffgh	□	htcwhw □
11	□ ertrtrtt	□	rhrthhw □
12	□ rhghghyk	□	rhjrh □
13	□ wrsdd	□	nhgfhjfgjj □
14	□ hshfjkih	□	fgddhdr □

Digamos que, dado um cartão preenchido, desejamos saber qual o jogo que possui mais marcações, ou seja, qual dos 14 jogos possui um triplo ou, se este não existir, um duplo.

Como cada jogo está disposto em três partições, temos de avaliar se cada uma delas possui ou não uma marcação ('×') e, em seguida, avaliar o próximo jogo do mesmo modo. Resumindo, para cada linha percorremos todas as colunas.

Para percorrer a matriz dessa forma, devemos:

- fixar a linha;
- variar a coluna.

O **Algoritmo 4.6** mostra uma solução possível para o problema apresentado.

Percebemos aqui que, quando I (linha) vale 1, a variável J (coluna) varia de 1 até 3 (elementos `mLoteria[1,1]`, `mLoteria[1,2]` e `mLoteria[1,3]`). Depois disso a variável I passa a valer 2, enquanto a variável J volta a valer 1 e continua variando novamente até 3 (perfazendo os elementos `mLoteria[2,1]`, `mLoteria[2,2]` e `mLoteria[2,3]`). Isso continua se repetindo até que I atinja 14 (última linha).

ALGORITMO 4.6 Loteria esportiva, jogo mais marcado

```
início
   // definição do tipo construído matriz
   tipo Loteria = matriz [1..14, 1..3] de caracteres;

   // declaração da variável composta do tipo matriz definido
   Loteria: mLoteria; // nome da matriz

   // declaração das variáveis simples
   inteiro: I, // índice para linha
            J, // índice para coluna
            maisMar, // maior número de marcadores encontrado
            nJogo, // número do jogo com mais marcações
            marLin; // número de marcações em uma linha

   maisMar ← 0;
   para I de 1 até 14 faça
      marLin ← 0;
      para J de 1 até 3 faça
         se mLoteria[I,J] = "x"
            então marLin ← marLin + 1;
         fimse;
      fimpara;
      se marLin > maisMar
         então início
                  maisMar ← marLin;
                  nJogo ← I;
               fim;
      fimse;
   fimpara;
```

(Continua)

```
   escreva ("Jogo mais marcado: ", nJogo);
   escreva ("Quantidade de marcações: ", maisMar);
fim.
```

Outro problema seria descobrir qual das colunas do cartão possui mais marcações, se a coluna 1, a coluna 2 ou a coluna do meio (que representa empate).

Para resolver essa questão, precisamos determinar quantas marcações existem em cada coluna e verificar qual dos três valores é o maior. Neste caso, estamos invertendo o modo de percorrer a matriz, verificando todas as linhas de uma coluna e seguindo depois para a próxima coluna.

Percorrendo a matriz dessa forma, precisamos:

- fixar a coluna;
- variar a linha.

O **Algoritmo 4.7** mostra uma solução possível para o problema apresentado.

Percebemos aqui que quando J (coluna) vale 1, a variável I (linha) varia de 1 até 14 (elementos mLoteria[1,1], mLoteria[2,1], mLoteria[3,1], ... , mLoteria[14,1]). Depois disso a variável J passa a valer 2, enquanto a variável I volta a valer 1 e continua variando novamente até 14 (perfazendo os elementos mLoteria[1,2], mLoteria[2,2], mLoteria[3,2], ... , mLoteria[14,2]). Isso continua se repetindo até que J atinja 3 (última coluna).

ALGORITMO 4.7 Loteria esportiva, coluna mais marcada

```
início
   // definição do tipo construído matriz
   tipo Loteria = matriz [1..14, 1..3] de caracteres;

   // declaração da variável composta do tipo matriz definido
   Loteria: mLoteria; // nome da matriz

   // declaração das variáveis simples
   inteiro: I, // índice para linha
            J, // índice para coluna
            maisMar, // maior número de marcadores encontrado
            ncoluna, // número da coluna com mais marcações
            marCol; // número de marcações em uma coluna

   maisMar ← 0;
   para J de 1 até 3 faça
      marCol ← 0;
      para I de 1 até 14 faça
         se mLoteria[I,J] = "x"
            então marCol ← marCol + 1;
         fimse;
      fimpara;
      se marCol > maisMar
```

(Continua)

```
        então início
              maisMar ← marCol;
              nColuna ← J;
            fim;
      fimse;
   fimpara;
   escreva ("Coluna mais marcada: ", nColuna);
   escreva ("Quantidade de marcações: ", maisMar);
fim.
```

Exemplos

a. Construa um algoritmo que efetue a leitura, a soma e a impressão do resultado entre duas matrizes inteiras que comportem 25 elementos.

ALGORITMO 4.8 Soma de duas matrizes

```
início
   tipo M = matriz [1..5, 1..5] de inteiros;
   M: MA, MB, MR; // matrizes do tipo M definido
   inteiro: I, J;
   I ← 1;
   enquanto (I <= 5) faça
      J ← 1;
      enquanto (J <= 5) faça
         leia (MA[I,J], MB[I,J]);
         MR[I,J] ← MA[I,J]) + MB[I,J];
         J ← J + 1;
      fimenquanto;
      I ← I + 1;
   fimenquanto;
   J ← 1;
   enquanto (J <= 5) faça
      I ← 1;
      enquanto (I <= 5) faça
         escreva (MR [I,J]);
         I ← I + 1;
      fimenquanto;
      J ← J + 1;
   fimenquanto;
fim.
```

b. Elabore um algoritmo que leia duas matrizes internas, A e B, do tipo (3 × 3) e calcule em uma matriz R sua multiplicação, ou seja, R = A * B.

Para resolver esse problema, precisamos levantar a fórmula que mostra como obter R e, em seguida, precisamos construir o algoritmo do processo de multiplicação de duas matrizes (3 × 3).

Recorrendo à matemática, vamos representar o que seria uma ilustração das matrizes envolvidas:

FIGURA 4.7 Representação das matrizes A, B e R

$$\begin{pmatrix} R_{11} & R_{12} & R_{13} \\ R_{21} & R_{22} & R_{23} \\ R_{31} & R_{32} & R_{33} \end{pmatrix} = \begin{pmatrix} A_{11} & A_{12} & A_{13} \\ A_{21} & A_{22} & A_{23} \\ A_{31} & A_{32} & A_{33} \end{pmatrix} * \begin{pmatrix} B_{11} & B_{12} & B_{13} \\ B_{21} & B_{22} & B_{23} \\ B_{31} & B_{32} & B_{33} \end{pmatrix}$$

Matriz R — Matriz A — Matriz B

A partir da **Figura 4.7**, e seguindo o método de multiplicação de matrizes, poderíamos escrever as seguintes expressões:

$$R_{11} = A_{11}*B_{11} + A_{12}*B_{21} + A_{13}*B_{31}$$
$$R_{12} = A_{11}*B_{12} + A_{12}*B_{22} + A_{13}*B_{32}$$
$$R_{13} = A_{11}*B_{13} + A_{12}*B_{23} + A_{13}*B_{33}$$
$$R_{21} = A_{21}*B_{11} + A_{22}*B_{21} + A_{23}*B_{31}$$
$$R_{22} = A_{21}*B_{12} + A_{22}*B_{22} + A_{23}*B_{32}$$
$$\ldots \qquad \ldots$$
$$R_{32} = A_{31}*B_{12} + A_{32}*B_{22} + A_{33}*B_{32}$$
$$R_{33} = A_{31}*B_{13} + A_{32}*B_{23} + A_{33}*B_{33}$$

Podemos perceber que, ao calcular qualquer elemento `R[i,j]`, o índice de linha `i` se repete na matriz `A` e o índice da coluna `j` se repete na matriz `B`. Já a coluna de `A` é igual a linha de `B`, e repete-se 3 vezes, de 1 a 3. Criando um terceiro índice `k` para efetuar essa repetição, teríamos, então, que um elemento `R[i,j]` é igual `A[i,k]*B[k,j]`, somados em 3 momentos, conforme a variação de `k`.

Uma solução para calcular `R = A*B` é expressa no **Algoritmo 4.9**.

ALGORITMO 4.9 Multiplicação de 2 matrizes

```
início
   // definição do tipo matriz
   tipo MATINT = matriz [1..3,1..3] de inteiros;
   // declaração de variáveis
   MATINT: A, // primeira matriz
           B, // segunda matriz
           R; // matriz de resposta
   inteiro: I, J, K; // índices
   // laço para ler os valores de entrada da matriz A
   para I de 1 até 4 passo 1 faça
      para J de 1 até 4 passo 1 faça
         leia (A[I,J]);
      fimpara;
   fimpara;
```

(Continua)

```
    // laço para ler os valores de entrada da matriz B
    para I de 1 até 4 passo 1 faça
       para J de 1 até 4 passo 1 faça
          leia (B[I,J]);
       fimpara;
    fimpara;
    // laço para calcular a multiplicação de A por B
    para I de 1 até 4 passo 1 faça
       para J de 1 até 4 passo 1 faça
          R[I,J] ← 0;
          para K de 1 até 4 passo 1 faça
             R[I,J] ← R[I,J] + A[I,K] * B[K,J];
          fimpara;
       fimpara;
    fimpara;
    // laço para mostrar os valores da matriz resposta
    para I de 1 até 4 passo 1 faça
       para J de 1 até 4 passo 1 faça
          escreva (R[I,J]);
       fimpara;
    fimpara;
 fim.
```

EXERCÍCIOS DE FIXAÇÃO 2

2.1 Sendo a matriz M tridimensional igual a

1

	1	2	3	4
0	1	2	3	4
1	5	–5	3	0

2

	1	2	3	4
0	1	1	1	1
1	–3	2	0	0

3

	1	2	3	4
0	0	0	1	1
1	–1	–1	–2	–2

```
tipo MAT = matriz [0..1,1..4,1..3] de inteiros;
MAT: M;
```

Determine os seguintes elementos:

a) `M[1,1,2]` **b)** `M[0,3,3]` **c)** `M[1,4,1]`
d) `M[0,M[0,3,1],1]` **e)** `M[M[0,3,2],2,3]` **f)** `M[1,1,M[0,4,3]]`

2.2 Desenhe uma representação para as seguintes matrizes e coloque os valores determinados nos devidos lugares:

a)
```
Tipo MAT1 = matriz [1..4,1..4,1..4] de caracteres;
MAT1: MA;
MA [1,2,1] ← "mm";
MA [4,3,2] ← "nn";
MA [3,1,3] ← "aa";
MA [1,4,1] ← "bb";
MA [2,2,4] ← "oo";
```

b)
```
Tipo MAT2 = matriz [1..2,1..2,1..2,1..2,1..2] de inteiros;
MAT2: MB;
MB [2,2,1,1,1] ←  1;
MB [1,2,1,2,1] ←  3;
MB [1,1,2,1,2] ←  5;
MB [2,1,1,2,2] ←  7;
MB [2,2,2,2,2] ←  9;
```

2.3 Escreva um algoritmo que leia a matriz de três dimensões caracter do Exercício 2.2, item a. Depois faça um deslocamento à direita das matrizes bidimensionais componentes, ou seja, coloque os dados da matriz bidimensional da terceira dimensão = 1 na terceira dimensão = 2, da 2 na 3, da 3 na 4 e da 4 na 1, sem perder os dados.

2.4 O tempo que um determinado avião dispensa para percorrer o trecho entre duas localidades distintas está disponível através da seguinte tabela:

	1	2	3	4	5	6	7
1		02	11	06	15	11	01
2	02		07	12	04	02	15
3	11	07		11	08	03	13
4	06	12	11		10	02	01
5	15	04	08	10		05	13
6	11	02	03	02	05		14
7	01	15	13	01	13	14	

a) Construa um algoritmo que leia a tabela anterior e informe ao usuário o tempo necessário para percorrer duas cidades por ele fornecidas, até o momento em que ele fornecer duas cidades iguais (origem e destino).

b) Desenvolva um algoritmo que permita ao usuário informar várias cidades, até inserir uma cidade '0', e que imprima o tempo total para cumprir todo o percurso especificado entre as cidades fornecidas.

c) Escreva um algoritmo que auxilie um usuário a escolher um roteiro de férias, sendo que o usuário fornece quatro cidades: a primeira é sua origem, a última é seu destino obrigatório e as outras duas caracterizam as cidades alternativas de descanso (no meio da viagem). Por isso, o algoritmo deve fornecer ao usuário qual das duas é a melhor opção, ou seja, qual fará com que a duração das duas viagens (origem para descanso, descanso para destino) seja a menor possível.

Variáveis compostas heterogêneas

Já sabemos que um conjunto homogêneo de dados (tal como uma alcatéia) é composto de variáveis do mesmo tipo primitivo (lobos); porém, se tivéssemos um conjunto em que os elementos não são do mesmo tipo, teríamos, então, um conjunto heterogêneo de dados. Exemplificando, poderíamos ter um conjunto de animais quadrúpedes, formado por cães (matilha), camelos (cáfila), búfalos (manada) etc.

Registros

Uma das principais estruturas de dados é o **registro**. Para exemplificar, imagine uma identificação de passageiro, aquele formulário de informações que o passageiro entrega ao motorista antes de embarcar no ônibus, junto com sua passagem. Ela é formada por um conjunto de informações logicamente relacionadas, porém, de tipos diferentes, tais como número de passagem (inteiro), origem e destino (caracteres), data (caracteres), horário (caracteres), poltrona (inteiro), idade (inteiro) e nome do passageiro (caracteres), que são subdivisões do registro (elementos do conjunto), também chamadas de **campos**.

Um registro é composto por campos que são partes que especificam cada uma das informações que o compõe. Uma variável do tipo registro é uma variável composta, pois engloba um conjunto de dados, e é heterogênea, pois cada campo pode ser de um tipo primitivo diferente.

A **Figura 4.8** ilustra graficamente um exemplo de uma hipotética identificação de embarque (registro) em um ônibus, com diversas informações (campos) solicitadas pela companhia de transporte para o controle dos passageiros embarcados.

FIGURA 4.8 Passagem de ônibus

```
Número da passagem: ______________  Data: ______________
De: ______________________  Para: ______________________
Horário: ____________  Poltrona: __________  Idade: _________
Nome do passageiro: ____________________________________
```

Declaração

Para usarmos um registro precisamos, primeiramente, definir em detalhes como é constituído o tipo construído, especificando todos os campos e, depois, declarar uma ou mais variáveis, associando os identificadores de variáveis ao identificador do tipo registro.

Para definirmos o tipo construído registro, seguimos a seguinte sintaxe:

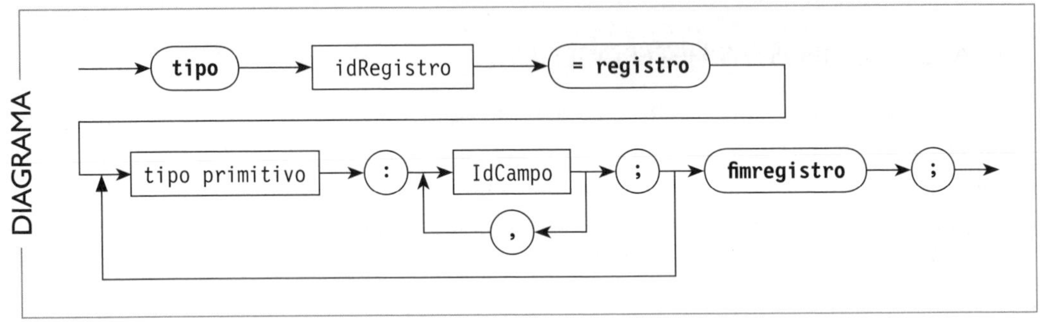

Em que:

`idRegistro`: representa o nome associado ao tipo registro construído;

`tipo primitivo`: representa qualquer um dos tipos básicos ou tipo anteriormente definido;

`IdCampo`: representa o nome associado a cada campo do registro.

Exemplo

A definição do registro da **Figura 4.8** poderia ser feita da seguinte forma:

```
// definição do tipo registro
tipo regEmbarque =  registro
                       inteiro: NumPas, NumPoltrona, Idade;
                       caracter: Nome, Data, Origem, Destino, Hor;
                    fimregistro;

// declaração da variável composta do tipo registro definido
regEmbarque: Embarque;
```

O exemplo corresponde à definição de um modelo `regEmbarque` de um registro e à criação de uma variável composta chamada `Embarque`, capaz de conter oito subdivisões (campos do registro).

Manipulação

Em determinados momentos podemos precisar de todas as informações contidas no registro (`Embarque`) ou de apenas algum campo do registro (como, freqüentemente, o número da poltrona).

Quando acessamos o registro genericamente, estamos referenciando obrigatoriamente todos os campos por ele envolvidos.

Exemplo

```
leia (Embarque);
escreva (Embarque);
```

Para utilizar um campo específico do registro devemos diferenciar esse campo. Para tal, utilizamos o caracter '.' (ponto), a fim de estabelecer a separação do nome do registro do nome do campo.

Exemplo

```
leia (Embarque.Poltrona);
escreva (Embarque.Data);
```

Exemplo

Utilizando o registro Embarque:

```
// acesso genérico ao registro
leia (Embarque); // ler todos os campos do registro

// acesso específico a um campo do registro
escreva (Embarque.Idade);
se (Embarque.Idade < 18)
   então escreva (Embarque.Nome, " é menor de idade.");
fimse;
```

Registro de conjuntos

Os registros vistos até agora possuíam em seus campos apenas dados de tipos primitivos, entretanto, podemos dispor também de campos que são compostos, ou seja, formados por outros tipos construídos.

Digamos que possuímos um registro de estoque de um produto, contendo como um de seus campos um valor numérico que indique baixas do produto por dia da semana. Temos, então, um vetor de seis posições, no qual cada posição corresponde a um dia útil da semana (incluindo o sábado), conforme ilustrado na **Figura 4.9**.

FIGURA 4.9 Registro de estoque (com campo do tipo vetor)

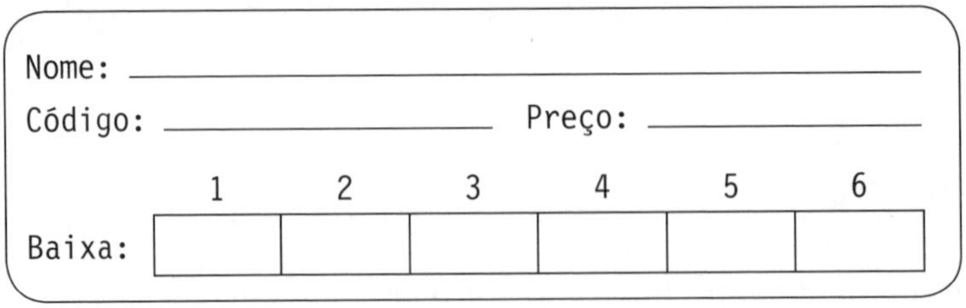

Declaração

Para definir o tipo registro da **Figura 4.9**, utilizamos um tipo construído vetor; então, precisamos inicialmente, definir o vetor de seis posições e, depois, o tipo registro; isto é, precisamos definir todos os conjuntos que serão incluídos no registro antes de sua definição e respectiva declaração da variável composta.

Exemplos

a.

```
// definição do tipo vetor
tipo vDias = vetor [1..6] de inteiros;

// definição do tipo registro
tipo regProduto = registro
                       inteiro: Cod;
                       caracter: Nome;
                       real: Preço;
                       vDias: Baixa; // do tipo vetor definido
                     fimregistro;

// declaração da variável composta do tipo registro
regProduto: Produto;
```

b. Modificar o registro de estoque de um produto a fim de que possa conter as baixas de quatro semanas, utilizando um tipo construído matriz (conforme sugestão apresentada na **Figura 4.10**).

FIGURA 4.10 Registro de estoque (com campo do tipo matriz)

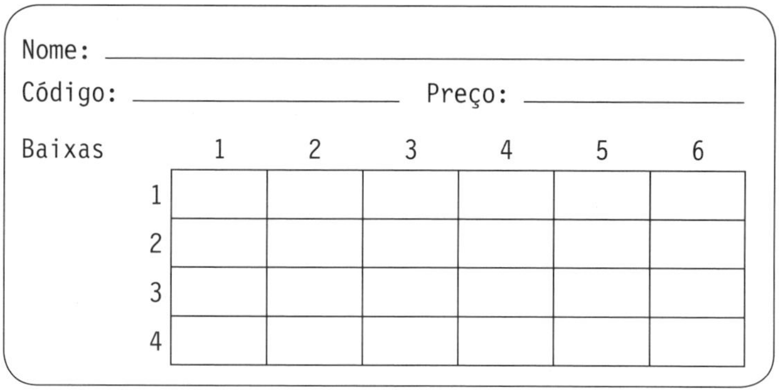


```
// definição do tipo matriz
tipo matDias = matriz [1..4,1..6] de inteiros;

// definição do tipo registro
tipo regProduto = registro
                        inteiro: Cod;
                        caracter: Nome;
                        real: Preço;
                        matDias: Baixa; // do tipo matriz definido
                     fimregistro;

// declaração da variável composta do tipo registro
regProduto: Produto;
```

Manipulação

A manipulação de um registro de conjuntos deve obedecer às manipulações próprias de cada estrutura de dados anteriormente definida.

Exemplos

a. Para acessar quanto foi vendido do produto no terceiro dia da quarta semana, teríamos:

```
Produto.Baixa[4,3]
```

b. Construir o trecho de algoritmo que, usando a definição de `Produto`, escreva o nome do produto, o código, o preço e as baixas da segunda semana.

```
escreva (Produto.Nome);
escreva (Produto.Código);
escreva (Produto.Preço);
para J de 1 até 6 faça
    escreva (Produto.Baixa[2,J]);
fimpara;
```

c. Construa o trecho do algoritmo que totalize por dia de semana todos os dias do mês.

```
para J de 1 até 6 faça
   aux ← 0;
   para I de 1 até 4 faça
      aux ← aux + Produto.Baixa[I,J];
   fimpara;
   escreva (J," totalizou ", aux, " baixas");
fimpara;
```

Conjunto de registros

Nas estruturas compostas homogêneas (vetores e matrizes) utilizamos tipos de dados primitivos como sendo os elementos dessas estruturas. Agora utilizaremos como componentes dessa estrutura não apenas um tipo primitivo, mas também os tipos construídos, neste caso os registros. Supondo que quiséssemos manter um registro de informações relativas a todos os passageiros que embarcam em um ônibus, utilizaríamos um registro para identificar cada passageiro e, para agrupar todos eles, utilizaríamos um conjunto desses registros.

Supondo que possuímos 44 lugares nesse ônibus, numerados seqüencialmente de 1 até 44, podemos, para uni-los, criar um vetor no qual cada posição é um elemento de tipo construído registro (`regEmbarque`), tal como mostrado na **Figura 4.11**.

FIGURA 4.11 Vetor de registros

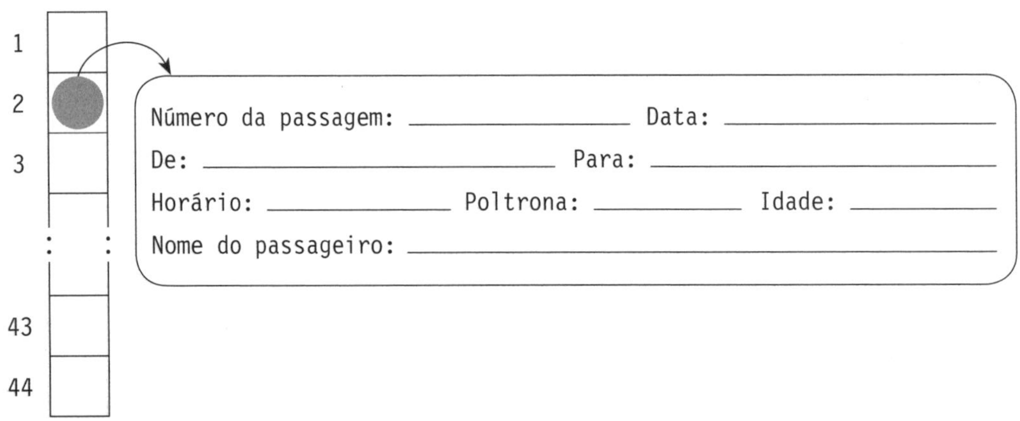

Declaração

Como possuímos um vetor composto de registros, não podemos declarar esse vetor sem antes ter definido a estrutura de dados de seus elementos (registros); devemos, então, definir primeiro o tipo construído registro e, depois, o vetor.

Exemplos

a.

```
// definição do tipo registro
tipo regEmbarque =  registro
                       inteiro: NumPas, NumPoltrona, Idade;
                       caracter: Nome, Data, Origem, Destino, Hor;
                    fimregistro;

// definição do tipo vetor
tipo vetEmbarque = vetor [1..44] de regEmbarque;

// declaração da variável composta vetor de registros
vetEmbarque: Onibus;
```

b. Declare um conjunto de registros que comporte as informações de estoque conforme ilustrado na **Figura 4.10**, porém que desta vez permita armazenar 500 produtos diferentes (em um vetor):

```
// definição do tipo matriz
tipo matDias = matriz [1..4,1..6] de inteiros;

// definição do tipo registro
tipo regProduto = registro
                     inteiro: Cod;
                     caracter: Nome;
                     real: Preço;
                     matDias: Baixa;
                  fimregistro;

// definição do tipo vetor
tipo vetEstoque = vetor [1..500] de regProduto;

// declaração da variável composta vetor de registros
vetEstoque: Produto;
```

Manipulação

Ao acessar as informações contidas em um conjunto de registros, procedemos utilizando o modo de acesso característico de cada estrutura que forma conjunto, seja ela um registro, uma matriz ou um vetor.

Exemplos

a. Se quiséssemos saber a baixa do décimo produto, da terceira semana do mês e do quarto dia da semana, escreveríamos:

```
Produto[10].Baixa[3,4]
```

b. Elabore o trecho de um algoritmo que imprima o total de movimentação do estoque para cada um dos 500 produtos:

```
para N de 1 até 500 faça
   ACM ← 0;
   para I de 1 até 4 faça
      para J de 1 até 6 faça
         ACM ← ACM + Produto[N].Baixa[I,J];
      fimpara;
   fimpara;
   escreva (Produto[N].Nome, ACM);
fimpara;
```

c. A partir do exemplo da **Figura 4.11**, que mostra um vetor de 44 posições no qual cada posição do vetor guarda um registro com os dados do passageiro do ônibus que ocupa aquela respectiva poltrona, escreva um trecho de algoritmo que mostre quantos são e o nome de todos os passageiros que possuem menos de 18 anos.

```
QM ← 0;
para I de 1 até 44 faça
   se (Onibus[I].Idade < 18)
      então início
                escreva (Onibus[I].Nome);
                QM ← QM + 1;
             fim;
   fimse;
fimpara;
escreva ("Total de menores de idade no onibus: ", QM);
```

Exercícios de fixação 3

3.1 Com base em seu conhecimento, defina um registro para um cheque bancário.

3.2 Usando como base o **Algoritmo 4.10**, que mostra um vetor de 44 posições com os dados dos passageiros de um ônibus, altere o processamento de forma que seja mostrada a média de idade dos passageiros e o nome daqueles que estejam acima desta média.

3.3 Utilizando o conjunto de registros mostrado no exemplo anterior, definido para guardar as baixas diárias no estoque de 500 produtos, elabore um algoritmo que leia o preço e o nome de todos os produtos e, como é o primeiro cadastro do estoque, armazene zero como baixa em todos os dias. Como estratégia de identificação dos produtos, faça com que o código seja atribuído automaticamente com o valor da posição do produto no vetor (o código do produto ficará sendo igual a posição que seu registro ocupa no vetor).

3.4 Considerando o mesmo conjunto de registros do exercício anterior, elabore um algoritmo que percorra a estrutura de dados e verifique qual foi o produto que teve mais baixa, ou seja, que foi mais vendido. Ao final, mostre o nome e quantas unidades deste produto foram vendidas.

EXERCÍCIOS PROPOSTOS

Estuturas de Dados Homogêneas Unidimensionais - Vetores

1. Crie um algoritmo que leia um vetor de 30 números inteiros e gere um segundo vetor cujas posições pares são o dobro do vetor original e as ímpares o triplo.

2. Desenvolva um algoritmo que permita a leitura de um vetor de 30 números inteiros, e gere um segundo vetor com os mesmo dados, só que de maneira invertida, ou seja, o primeiro elemento ficará na última posição, o segundo na penúltima posição, e assim por diante.

3. Elabore um algoritmo que leia 50 números inteiros e obtenha qual o tamanho da maior seqüência consecutiva de números em ordem crescente.

4. Elabore um algoritmo que leia uma série de 50 notas, e calcule quantas são 10% acima da média e quantas são 10% abaixo.

5. Faça um algoritmo que leia o nome, o custo e o preço de 50 produtos. Ao final deverá relacionar os produtos que:

a) Tem lucro menor que 10%;

b) Tem lucro entre 10% e 30%;

c) Tem lucro maior que 30%.

6. Construa um algoritmo que permita informar dados para 2 vetores inteiros de 20 posições, e apresente a intersecção dos vetores. Lembrando que intersecção são os elementos repetidos em ambos os vetores, mas sem repetição (cada número pode aparecer uma única vez no resultado).

7. Construa um algoritmo que permita informar dados para 2 vetores inteiros de 20 posições, e apresente o conjunto união dos vetores. Lembrando que conjunto união são todos os elementos que existem em ambos os vetores, mas sem repetição (cada número pode aparecer uma única vez no resultado).

8. Crie um algoritmo que leia a pontuação final de 200 provas de um concurso e os nomes dos respectivos participantes, e apresente um ranking dos colocados que obtiveram mais de 70 pontos.

9. Dado um vetor com dados de 50 alturas, elabore um algoritmo que permita calcular:

a) A média das alturas;

b) O desvio padrão das alturas. Lembrando que desvio padrão é dado por $(\sum (Alturas^2)/\text{número de alturas}) - Média^2$

c) A moda das alturas. Lembrando que moda é o valor que tem maior incidência de repetições;

d) A mediana das alturas. Lembrando que a mediana é o elemento central de uma lista ordenada.

Estuturas de Dados Homogêneas Multidimensionais – Matrizes

10. Faça um algoritmo que preencha uma matriz 5x5 de inteiros e escreva:

a) a soma dos números ímpares fornecidos;

b) a soma de cada uma das 5 colunas;

c) a soma de cada uma das 5 linhas;

11. Construa um algoritmo que leia um conjunto de números inteiros para preencher uma matriz 10x10 e a partir daí, gere um vetor com os maiores elementos de cada linha e outro vetor com os menores elementos de cada coluna.

12. Dada uma matriz 5x5, elabore um algoritmo que escreva:

a) a diagonal principal;

b) o triangulo superior à diagonal principal;

c) o triangulo inferior à diagonal principal;

d) tudo exceto a diagonal principal;

e) a diagonal secundária;

f) o triangulo superior à diagonal secundária;

g) o triangulo inferior à diagonal secundária;

h) tudo exceto a diagonal secundária;

13. Elabore um algoritmo que preencha uma matriz 5x5 de inteiros e depois faça:

a) trocar a segunda e a quinta linha;

b) trocar a primeira e a quarta coluna;

c) trocar a diagonal principal e a secundária;

d) escrever como ficou a matriz;

14. Prepare um algoritmo que seja capaz de ler números inteiros para uma matriz 10x10 e depois gire seus elementos em 90° no sentido horário, ou seja, a primeira coluna passa a ser a primeira linha, e assim por diante.

Estuturas de Dados Heterogêneas – Registros

15. Uma determinada biblioteca possui obras de ciências exatas, ciências humanas e ciências biomédicas, totalizando 1.500 volumes, 500 de cada área. O proprietário resolveu informatizá-la e, para tal, agrupou as informações sobre cada livro do seguinte modo:

```
Código de catalogação: ______________________ Doado: __________
Nome da obra: ___________________________________________________
Nome do autor: __________________________________________________
Editora: ____________________________ Nº de páginas: ___________
```

a) Construa um algoritmo que declare tal estrutura e que reúna todas as informações de todas as obras em três vetores distintos para cada área.

b) Elabore um trecho de algoritmo que, utilizando como premissa o que foi feito no item a, realize uma consulta às informações. O usuário fornecerá código da obra e sua área; existindo tal livro, informa seus campos; do contrário, envia mensagem de aviso. A consulta repete-se até que o usuário introduza código finalizador com o valor –1.

c) Idem ao item b, porém o usuário simplesmente informa o nome e a área do livro que deseja consultar.

d) Escreva um trecho de algoritmo que liste todas as obras de cada área que representem livros doados.

e) Idem ao item d, porém, obras cujos livros sejam comprados e cujo número de páginas se encontre entre 100 e 300.

f) Elabore um trecho de algoritmo que faça a alteração de um registro; para tal, o usuário fornece o código, a área e as demais informações sobre o livro. Lembre-se de que somente pode ser alterado um livro existente.

g) Construa um trecho de algoritmo que efetue a exclusão de algum livro; o usuário fornecerá o código e a área. Lembre-se de que somente pode ser excluído um livro existente.

16. Para o controle dos veículos que circulam em uma determinada cidade, a Secretaria dos Transportes criou o seguinte registro-padrão:

```
Proprietário: _________________________ Combustível: __________
Modelo: _________________________ Cor: ________________________
Nº chassi: ____________________ Ano: ________ Placa: __________
```

Em que:

- combustível pode ser álcool, diesel ou gasolina;
- placa possui os três primeiros valores alfabéticos e os quatro restantes valores numéricos.

Sabendo que o número máximo de veículos da cidade é de 5.000 unidades e que os valores não precisam ser lidos.

a) Construa um algoritmo que liste todos os proprietários cujos carros são do ano de 1980 ou posterior e que sejam movidos a diesel.

b) Escreva um algoritmo que liste todas as placas que comecem com a letra A e terminem com 0, 2, 4 ou 7 e seus respectivos proprietários. (Sugestão: utilize placa como um vetor de caracter.)

c) Elabore um algoritmo que liste o modelo e a cor dos veículos cujas placas possuem como segunda letra uma vogal e cuja soma dos valores numéricos fornece um número par.

d) Construa um algoritmo que permita a troca de proprietário com o fornecimento do número do chassi apenas para carros com placas que não possuam nenhum dígito igual a zero.

17. Supondo não ser necessário suprir de informações as estruturas de dados a seguir, elabore um algoritmo capaz de responder às questões:

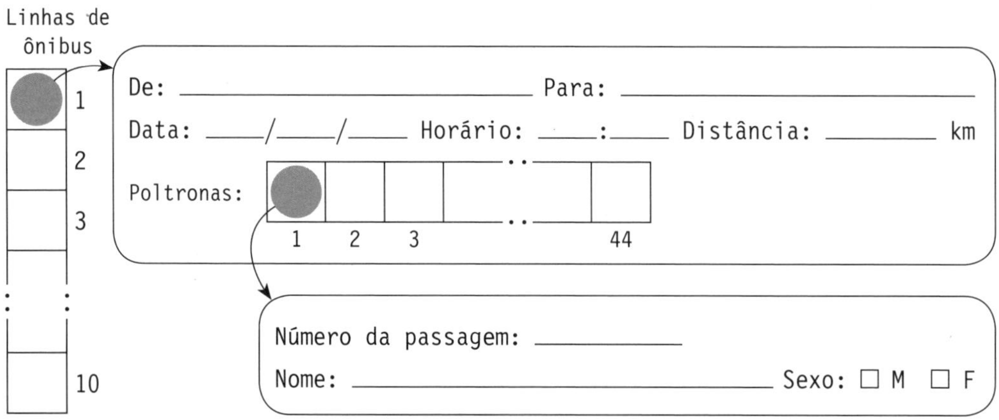

a) Qual o horário de saída e a distância percorrida por um ônibus cujo número da linha é fornecido?

b) Quais linhas de ônibus estão lotadas?

c) Qual o horário estimado de chegada e duração da viagem de dado ônibus em que o número da linha é fornecido (use velocidade média de 60 km/h)?

d) Qual a porcentagem de ocupação e o número de poltronas livres para dado ônibus fornecido pelo usuário?

e) Qual a porcentagem de passageiros do sexo masculino e do sexo feminino de um determinado ônibus cujo número da linha é fornecido pelo usuário?

f) Forneça um relatório contendo a porcentagem de ocupação de janelas (poltronas ímpares) e de corredores (poltronas pares), e o número de poltronas disponíveis para todas as linhas de ônibus.

18. Supondo não ser necessário suprir de informações as estruturas de dados a seguir, elabore um algoritmo capaz de responder às questões, sendo que os registros estão organizados por série, turma e nome:

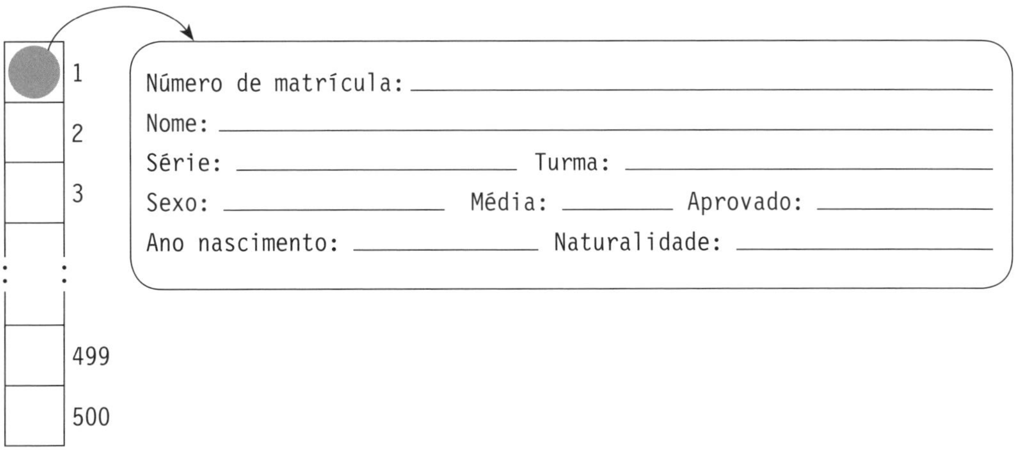

a) Qual a porcentagem de alunos aprovados e reprovados por turma, totalizados por série?
b) Qual a porcentagem de alunos do sexo masculino e do sexo feminino por turma, totalizados por série?
c) Qual a média das idades de cada uma das séries ?
d) Qual a porcentagem de alunos (estrangeiros) de outras cidades na escola?
e) Qual a porcentagem de alunos atrasados (repetentes) em cada turma?
f) Quais os cinco melhores alunos de cada série (em ordem crescente)?

RESUMO

Neste capítulo vimos as **estruturas de dados**, que nos permitem armazenar e manipular um conjunto de informações através de uma mesma variável. Verificamos que uma estrutura de dados é um **tipo construído**, que deve ser **definido** na elaboração do algoritmo, e que depois devemos **declarar** a **variável composta** associada a esse tipo. Classificamos as estruturas em **homogêneas**, um mesmo tipo primitivo, e **heterogêneas**, tipos primitivos diferentes. Nomeamos as homogêneas unidimensionais de **vetores** e as homogêneas multidimensionais de **matrizes**. Já as estruturas **heterogêneas** chamamos de **registros**, que são estruturas de dados divididas em **campos**, em que cada campo é uma variável diferente a ser declarada. Por último, definimos tipos e declaramos variáveis nas quais os registros continham campos que eram outras estruturas de dados e, também, vetores e matrizes de registros.

ARQUIVOS

5

Objetivos

Apresentar o conceito e a aplicabilidade dos arquivos. Explicar as formas básicas de manipulação. Diferenciar os tipos de arquivos, adaptando a manipulação prática associada a cada concepção: seqüencial, direto ou indexado.

- Aplicação de arquivos
- Como declarar um arquivo
- Como manipular um arquivo: consulta, inclusão, alteração, exclusão
- Arquivos seqüencial e randômico

INTRODUÇÃO

Até então, utilizávamos variáveis simples ou compostas para armazenar as informações necessárias à resolução de determinado problema. Esses problemas tinham uma limitação: a quantidade de informações que poderia ser armazenada para resolvê-los. Os algoritmos eram limitados conforme a capacidade finita das estruturas de dados utilizadas (registros ou vetores).

Neste capítulo começaremos a utilizar uma nova estrutura: o arquivo. Muito comuns em nosso cotidiano, os arquivos têm como principal finalidade o armazenamento de grandes quantidades de informação por um grande período de tempo, como, por exemplo, os arquivos mantidos por uma companhia telefônica acerca de seus assinantes, ou as informações armazenadas na Receita Federal sobre os contribuintes.

Um arquivo é um conjunto de registros (ou seja, é uma estrutura de dados) no qual cada registro não ocupa uma posição fixa dentro da estrutura, não possuindo, portanto, tamanho preestabelecido. Os registros, como sabemos, são formados por unidades de informação denominadas campos.

Utilizaremos como exemplo básico um arquivo de uma biblioteca, no qual cada livro é catalogado por meio de um registro e o conjunto desses registros compõe um arquivo que corresponde ao acervo de livros da biblioteca. Cabe aqui enfatizar: quantos registros seriam necessários para representar o acervo da biblioteca? Quantos livros a biblioteca possui? Certamente, uma quantidade finita, apesar de grande, porém também é certo que seria uma quantidade variável que não pode ser prevista, pois pode aumentar ou diminuir no decorrer do tempo.

Vejamos, então, como seria uma ficha de catalogação de livros para nosso exemplo:

Figura 5.1 Ficha catalográfica

```
Código do livro: ______________________________________________
Título: _______________________________________________________
Autor: ________________________________________________________
Assuntos: _____________________________________________________
Editora: ____________________ Ano: __________ Edição: __________
```

Essa ficha, quando devidamente preenchida, conterá informações (título, autor, editora etc.) sobre um único livro. Podemos representar esse conjunto de informações através da estrutura de dados registro, já apresentada no capítulo anterior.

Quando reunirmos várias dessas fichas, estaremos compondo o arquivo utilizado pela biblioteca.

Figura 5.2 Conjunto de fichas catalográficas

```
Código ISBN: 85-7001-398-1

Código ISBN: 85-216-0541-2

Código ISBN: 85-216-0378-9

Código ISBN: 85-346-0049-X
Título: Lógica de Programação
Autor: Forbellone / Eberspacher
Assunto: Algoritmos
Editora: Pearson        Ano: 2005        Edição: 3
```

Podemos comparar esse arquivo de fichas com o móvel de aço que podemos facilmente encontrar em uma biblioteca.

Figura 5.3 Arquivo de aço

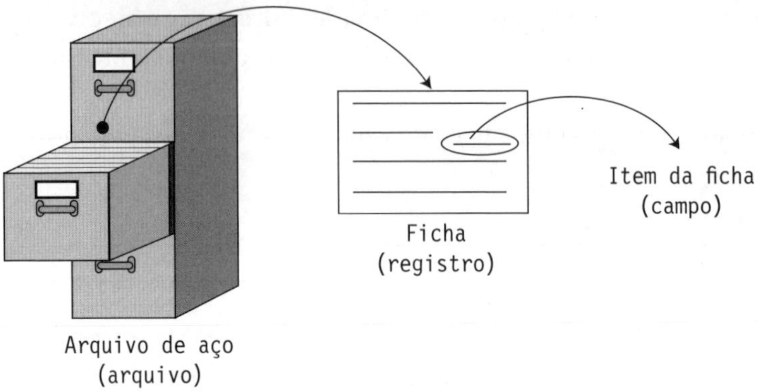

Notamos também que, como em uma biblioteca, as informações do arquivo podem ser manipuladas por qualquer um dos funcionários, independentemente da seqüência de passos que cada um, em particular, utilize. Concluímos, então, que um arquivo pode ser manipulado por algoritmos diferentes.

Declaração

Visto que um arquivo é um conjunto de registros, precisamos definir o registro que compõe o arquivo primeiro, para somente então definir o arquivo. Segundo nosso exemplo, na biblioteca, cada livro é representado por uma ficha e esta é implementada por um registro.

```
tipo livro = registro
                 inteiro: código, ano, edição;
                 caracter: título, autor, assunto, editora;
             fimregistro;
```

Podemos então definir o arquivo segundo a sintaxe a seguir:

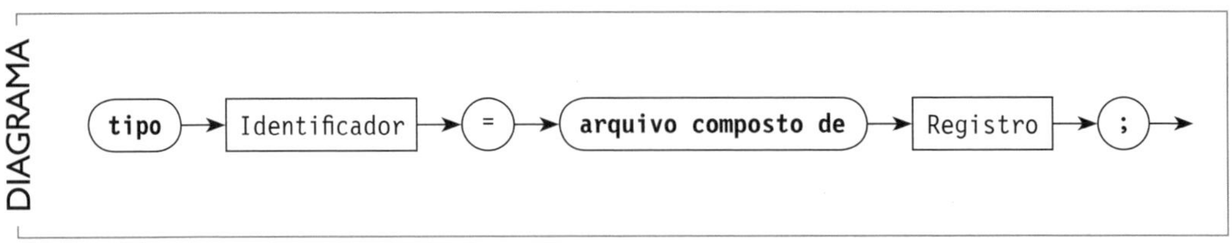

Em que:

`Identificador`: representa o nome do tipo arquivo;

`Registro`: identificador de um registro previamente definido.

Completando toda a declaração necessária para utilizarmos o arquivo de nosso exemplo, teríamos:

```
tipo livro = registro
                 inteiro: código, ano, edição;
                 caracter: título, autor, assunto, editora;
             fimregistro;
tipo arqLivro = arquivo composto de livro;
livro: ficha;
arqLivro: biblos;
```

Em que:
`livro` é o identificador da estrutura do tipo registro que formará o arquivo;
`arqLivro` é o identificador do tipo associado ao arquivo, formado pelos tipos de registro `livro`;
`ficha` é a variável de registro;
`biblos` é a variável de arquivo.

As variáveis `ficha` e `biblos` serão utilizadas no algoritmo para a manipulação do arquivo; trata-se das variáveis que armazenarão as informações.

Vamos utilizar outro exemplo, desta vez um fichário dos associados de um clube, que utiliza a seguinte ficha de cadastro:

Figura 5.4 Ficha de cadastro de associado

```
Nome: ____________________________________________________________
RG: ______________ CPF: _______________ Sexo: □ Masculino □ Feminino
Data nasc.: _________ Naturalidade: _________ Nacionalidade: _________
Endereço: ___________________________________ Bairro: ______________
Cidade: ____________________ Estado: ______________ Fone: ____________
Data adesão: _________________________ Nº dependentes: _______________
```

```
tipo Socio = registro
                 caracter: Nome, DataNasc, Naturalidade, Nacionalidade,
                           Endereço, Bairro, Cidade, Estado, DataAdesão;
                 inteiro: RG, CPF, Fone, NroDepend;
                 lógico: Sexo;
             fimregistro;
tipo ArqSocio = arquivo composto de Socio;
Socio: RegSocio;
ArqSocio: Clube;
```

Manipulação

Generalizando, podemos admitir que todo arquivo possui maneiras semelhantes de ser manipulado, independentemente de como foi concebido. Exemplificando, diante de um arquivo de livros de uma biblioteca, você poderia ter apenas dois tipos de atitude:

a) No caso de ser um leitor, você procura a informação sobre a localização de certo livro através das fichas que registram o acervo.
b) Como funcionário (da biblioteca), você deseja manipular (inserir, modificar, remover) alguma informação a respeito de algum livro.

Concluímos que podemos consultar e/ou manipular alguma informação no arquivo. Podemos, então, imaginar os seguintes algoritmos básicos:

Consultar arquivo
1. Abrir gaveta do arquivo
2. Achar ficha procurada
3. Copiar informações da ficha
4. Fechar gaveta do arquivo

Acrescentar dados
1. Abrir gaveta do arquivo
2. Achar posição de inserção
3. Guardar ficha nova
4. Fechar gaveta do arquivo

Modificar dados
1. Abrir gaveta do arquivo
2. Achar a ficha procurada
3. Alterar os dados da ficha
4. Fechar gaveta do arquivo

Eliminar dados
1. Abrir gaveta do arquivo
2. Achar a ficha procurada
3. Retirar a ficha do arquivo
4. Fechar a gaveta do arquivo

Podemos observar que os algoritmos apresentados são muito semelhantes, que tanto o leitor (que consulta o arquivo) quanto o funcionário (que manipula as informações) atuam de forma muito parecida. Mesmo as diferentes operações que o funcionário pode desempenhar (inserir, eliminar ou modificar dados) também são muito similares. Percebemos, também, que os passos 1 e 4 são sempre idênticos em todos os casos, enquanto o passo 2 está sempre relacionado a uma pesquisa. Entretanto, o passo 3 é o que parece diferenciar realmente cada um deles. Muito embora ainda seja possível perceber algo de comum entre as atividades do passo 3 – todas estão relacionadas ao fluxo das informações –, em alguns casos o fluxo é da pessoa para o arquivo e em outros é do arquivo para a pessoa, ou seja, a diferença está apenas no sentido em que os dados trafegam.

Abrindo um arquivo

Não se pode obter alguma informação contida em uma gaveta sem antes abri-la. Em nossos algoritmos, isso será feito através do seguinte comando:

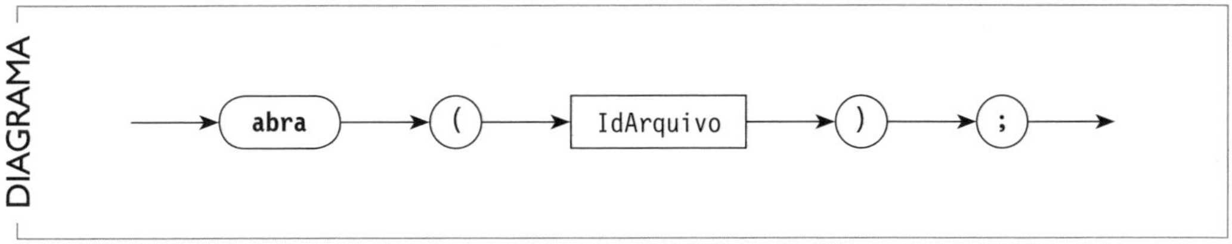

Em que:
`IdArquivo`: representa o identificador da variável arquivo previamente definida.

Exemplo

```
abra (BIBLOS);
```

Após a execução do comando de abertura, a ficha que estará à disposição será sempre a primeira que nele foi armazenada.

FECHANDO UM ARQUIVO

Não devemos manter uma gaveta aberta depois de usá-la, pois isso deixaria seu conteúdo exposto a agentes externos que poderiam danificar sua integridade. Por isso, convém sempre fechar os arquivos após sua utilização. Para tal, usaremos:

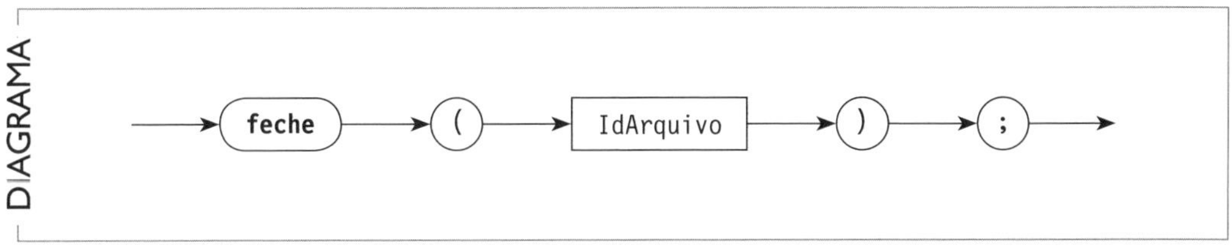

Em que:
`IdArquivo`: representa o identificador da variável arquivo previamente definida.

Exemplo

```
feche (BIBLOS);
```

COPIANDO UM REGISTRO

Em um arquivo não se devem retirar informações desnecessariamente, porque dessa maneira ele ficaria vazio rapidamente.

Devemos enfatizar que, geralmente, um arquivo não deve ser 'consumido', e sim consultado. Para tal, precisamos copiar o conteúdo que nos interessa em algum lugar. Utilizamos então:

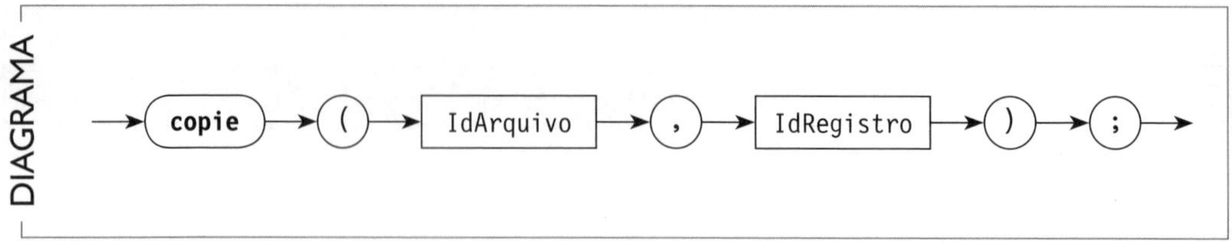

Em que:

`IdArquivo`: representa o identificador da variável arquivo previamente definida.

`IdRegistro`: representa o identificador da variável registro de formato igual àquele que compõe o arquivo.

Exemplo

```
copie (BIBLOS, AUX);
```

Quem copia, copia de um lugar para outro. Nesse comando, copiam-se as informações da posição do arquivo para o registro especificado no comando, o qual possui um formato idêntico ao do registro que compõe o arquivo. Ressaltamos que todos os campos do registro do arquivo são copiados para os respectivos campos (por correspondência unívoca) do registro estabelecido no comando.

Observamos que o fluxo dos dados nesse comando é sempre da variável arquivo para a variável registro, ou seja, é a variável registro que efetivamente recebe o resultado da operação.

Guardando um registro

Para guardar um registro no arquivo, faz-se necessário que ele possua estruturação de campos idêntica à dos registros já armazenados, e ao mesmo tempo esteja completamente preenchido. Para efetuar essa operação, temos o comando:

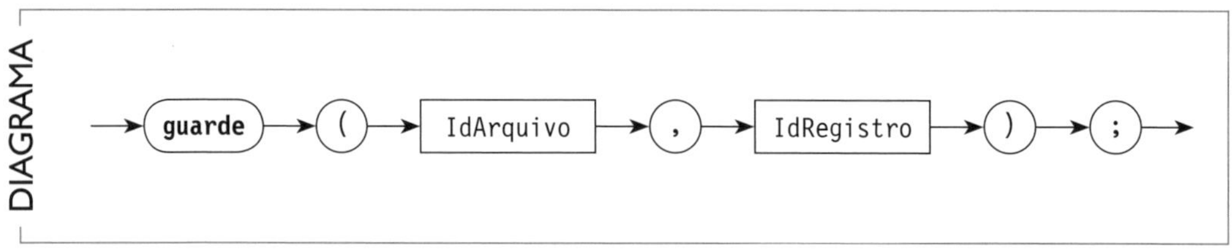

Em que:

`IdArquivo`: representa o identificador da variável arquivo previamente definida.

`IdRegistro`: representa o identificador da variável registro de formato igual àquele que compõe o arquivo.

Exemplo

```
guarde (BIBLOS, AUX);
```

Quem guarda, guarda alguma coisa em algum lugar; nesse comando, guarda-se sempre alguma informação de dado registro (definido no comando) para a posição atual do arquivo.

Observamos que o fluxo dos dados nesse comando é sempre da variável registro para a variável arquivo, ou seja, é a variável arquivo que efetivamente recebe o resultado da operação.

Eliminando um registro

Algumas informações contidas em um arquivo podem eventualmente se tornar indesejadas por diversos motivos: por exemplo, a desatualização de um dado (tal como um telefone de alguém com quem não se tem contato há mais de cinco anos) ou a perda da relação entre a representação e o objeto representado (tal como um livro extraviado em uma biblioteca). Para podermos eliminar as informações indesejadas, utilizamos:

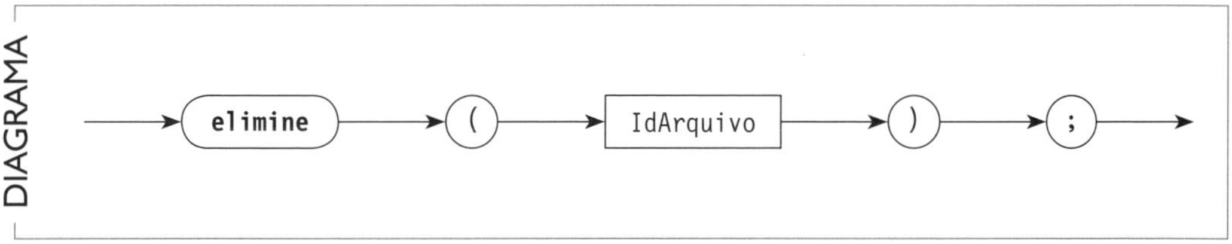

Em que:
`IdArquivo`: representa o identificador da variável de arquivo previamente definida.

Exemplo

```
elimine (Biblos);
```

Quem elimina, elimina algo de algum lugar; nesse comando, elimina-se sempre o registro da posição corrente do arquivo especificado (definido no comando).

Concepção seqüencial

Quando criamos um arquivo, utilizamos determinado padrão de comportamento que estabelece o modo pelo qual os registros são armazenados no arquivo, isto é, o algoritmo estabelece a estruturação do arquivo. Caso a gravação dos registros (que não estão em ordem) no arquivo seja feita de forma contínua, um após o outro, teremos estabelecido uma circunstância de seqüência no armazenamento dos registros, obtendo um arquivo cuja concepção é dita **seqüencial**.

Nessas circunstâncias, discorremos que a localização de qualquer um dos registros que foi armazenado é indeterminada, ou seja, para acessar um registro específico precisamos obedecer a sua ordem de gravação, o que implica percorrer todos os registros que o antecedem.

Como exemplo de um arquivo de concepção seqüencial, podemos utilizar uma lista particular de telefones, na qual o usuário armazenou nomes e telefones das pessoas à medida que as conhecia.

Supondo que o usuário tenha conhecido mais uma pessoa, precisa, portanto, armazenar mais um telefone em sua lista. Uma vez que a lista já possui alguns nomes, que devido às circunstâncias foram gravados um após o outro, só é possível armazenar um novo telefone após o último registro (nome + telefone) armazenado, o que nos leva a ter de descobrir onde está o último registro. Para tal, será necessário percorrer todos os registros do arquivo, a partir do primeiro, até encontrar o fim do arquivo, o que pode ser feito com o auxílio do comando:

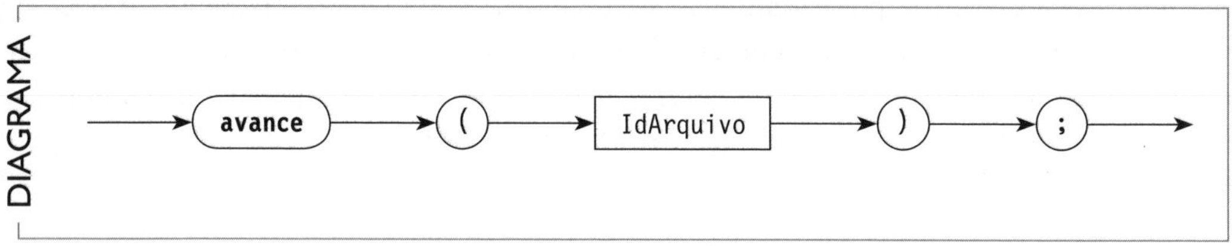

Em que:
`IdArquivo`: representa o identificador da variável de arquivo previamente definida.

Esse comando coloca o arquivo na posição consecutiva, ou seja, no próximo registro. Se utilizado repetidas vezes, permite percorrer o arquivo passando por uma série consecutiva de registros. E também com o auxílio de:

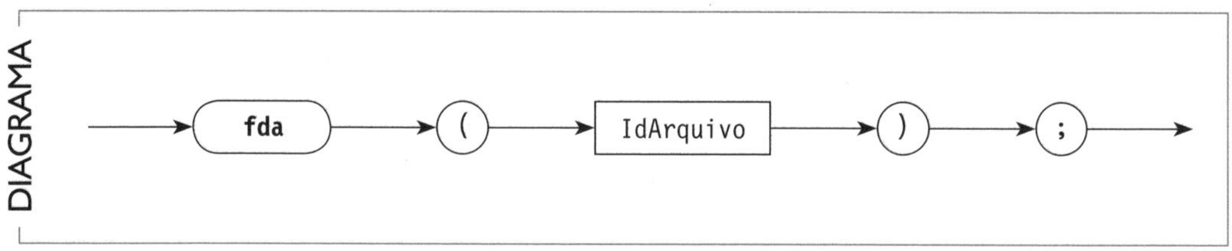

Em que:
`IdArquivo`: representa o identificador da variável de arquivo previamente definida.

Essa instrução retorna verdadeiro quando a posição corrente é o Fim Do Arquivo e falso em caso contrário. O algoritmo da agenda telefônica, para guardar um novo telefone utilizando esses comandos, ficaria:

ALGORITMO 5.1 Inclusão de telefones

```
início
   tipo pessoa = registro
                      caracter: nome;
                      inteiro: fone;
                 fimregistro;
   tipo pessoal = arquivo composto de pessoa;
```

(Continua)

```
   pessoa: aux;
   pessoal: agenda;
   abra (agenda);
   repita
      avance (agenda);
   até fda (agenda);
   leia (aux.nome, aux.fone);
   guarde (agenda, aux);
   feche (agenda);
fim.
```

Observamos que:

- sempre que o comando **abra** é executado, deparamos com o primeiro conjunto de informações armazenadas, ou seja, a posição corrente do arquivo é o primeiro registro;
- somente podemos guardar o registro quando ele estiver completamente preenchido, o que nesse caso foi garantido com um comando de leitura sobre ambos os campos;
- o comando **guarde** armazenará todas as informações contidas no registro (registro completo) na posição corrente do arquivo, a qual foi intencionalmente selecionada como a última posição do mesmo.

Supondo, agora, que nosso usuário precise descobrir o telefone de alguém previamente armazenado, novamente, por desconhecer a posição no arquivo da informação procurada, teremos de vasculhar o arquivo a partir do início, em busca do registro que contém o nome da pessoa procurada, para descobrir seu respectivo telefone. Todavia, se todos os registros do arquivo tiverem sido verificados e, chegando ao fim do arquivo, não foi possível encontrar o nome procurado, concluímos que ele não existe, ou seja, não foi registrado anteriormente.

ALGORITMO 5.2 Pesquisa no arquivo

```
início
   tipo pessoa = registro
                    caracter: nome;
                    inteiro: fone;
                 fimregistro;
   tipo pessoal = arquivo composto de pessoa;
   pessoa: aux;
   pessoal: agenda;
   caracter: nomeProcurado;
   abra (agenda);
   leia (nomeProcurado);
   repita
      copie (agenda, aux);
      avance (agenda);
   até (aux.nome = nomeProcurado) ou (fda (agenda));
   se (aux.nome = nomeProcurado)
      então escreva (aux.fone);
      senão escreva ("Telefone não registrado!");
```

(Continua)

```
   fimse;
   feche (agenda);
fim.
```

Observamos que:

- não é possível apenas avançar pelos registros, uma vez que precisamos verificar se o conteúdo de cada um deles é o esperado, por isso se copia para um registro auxiliar cada um dos registros armazenados;
- mesmo precisando apenas do nome armazenado no arquivo para verificar o sucesso da pesquisa, através do comando **copie** preenchemos todo o registro auxiliar.

Se algum conhecido já cadastrado na agenda mudasse de telefone, teríamos de localizar seu registro correspondente no arquivo, copiar seu conteúdo em um registro auxiliar e, em seguida, alterar o campo **fone** de modo a atribuir-lhe o novo número. Tendo em um registro auxiliar as informações atualizadas, basta gravá-lo na mesma posição em que se encontrava antes, isto é, gravar o registro atualizado (auxiliar) 'por cima' do antigo (do arquivo).

ALGORITMO 5.3 Alteração de dados

```
início
   tipo pessoa = registro
                       caracter: nome;
                       inteiro: fone;
                   fimregistro;
   tipo pessoal = arquivo composto de pessoa;
   pessoa: aux;
   pessoal: agenda;
   caracter: nomeProcurado;
   inteiro: novoFone;
   abra (agenda);
   leia (nomeProcurado);
   copie (agenda, aux);
   enquanto (aux.nome<>nomeProcurado) e (não fda (agenda)) faça
      avance (agenda);
      copie (agenda, aux);
   fimenquanto;
   se (aux.nome = nomeProcurado)
       então início
                  escreva (aux.nome, "possui fone", aux.fone);
                  escreva ("Novo Telefone");
                  leia (novoFone);
                  aux.fone ← novoFone;
                  guarde (agenda, aux);
             fim;
       senão escreva ("Telefone não registrado!");
   fimse;
   feche (agenda);
fim.
```

Observamos que:

- é preciso ter o cuidado de não avançar a posição corrente depois de ter encontrado o registro, pois temos, após a atualização, de regravá-lo na mesma posição;
- é útil mostrar ao usuário quais eram as informações anteriores, visto que outra pessoa ou ele mesmo já pode ter atualizado o telefone anteriormente.

Se, por qualquer motivo, algum telefone arquivado não for mais desejado, ele poderá ser eliminado, mas para tanto será necessário primeiro localizar o registro, para em seguida eliminá-lo após uma confirmação.

ALGORITMO 5.4 Exclusão de registros

```
início
   tipo pessoa = registro
                    caracter: Nome;
                    inteiro: Fone;
                  fimregistro;
   tipo pessoal = arquivo composto de pessoa;
   pessoa: aux;
   pessoal: agenda;
   caracter: nomeProcurado, confirmação;
   abra (agenda);
   leia (nomeProcurado);
   repita
      copie (agenda, aux);
      avance (agenda);
   até (aux.nome = nomeProcurado) ou (fda(agenda));
   se (aux.nome = nomeProcurado)
      então início
               escreva (aux.nome, aux.fone);
               escreva ("Confirma exclusão (S/N) ?");
               leia (confirmação);
               se confirmação = "S"
                  então elimine (agenda);
               fimse;
            fim;
      senão escreva ("Nome não encontrado");
      feche (agenda);
   fimse;
fim.
```

Observamos que:

- é importante certificar-se de que a posição corrente no arquivo é a correta, apresentando os dados que nela constam;
- sempre é recomendável solicitar uma confirmação para uma operação de exclusão, porque depois de executada não haverá mais volta.

Vamos agora apresentar uma aplicação prática mais complexa para os arquivos seqüenciais. Imagine dois arquivos de nomes e telefones que são inicialmente idênticos, e são entregues a pessoas diferentes, as quais freqüentemente os vão atualizando, porém cada uma faz atualizações em registros diferentes. Resultado: pouco tempo depois os arquivos estão diferentes, mas deseja-se unificar as alterações, gerando um novo arquivo que contemple as alterações mais recentes.

CURIOSIDADE

Essa categoria de algoritmo, que visa sincronizar alterações feitas em arquivos seqüenciais de forma independente, também é conhecida por *Balance Line*. O *Balance Line* era muito utilizado na época em que as atualizações de arquivos era *off-line*, ou seja, na ausência de linhas de comunicação que permitissem atualizar diretamente o arquivo principal. Utilizavam-se arquivos secundários, oriundos de diversas localidades, contendo alterações que seriam submetidas através de um algoritmo de *Balance Line* ao arquivo principal.

A estrutura do registro é a que se segue:

```
Nome: ______________________________________________
Telefone: ______________  Data da alteração: _______________
Tipo de operação: ________  [A-Alteração, E-Exclusão, I-Inserção]
```

Observamos que existe um campo Tipo de Operação, que vale A para uma Alteração, E para uma Exclusão e I para uma Inserção. Consideremos também que os registros excluídos não são eliminados (são apenas marcados como excluídos).

Vejamos uma solução possível para o problema:

ALGORITMO 5.5 Balance Line

```
início
   tipo Ficha =  registro
                    caracter: Nome, Telefone, DataAlter, TipoOper;
                 fimregistro;
   tipo ArqAgenda = arquivo composto de Ficha;
   Ficha: Ficha1, Ficha2, FichaNova;
   ArqAgenda: Agenda1, Agenda2, AgendaNova;
   abra (Agenda1);
   abra (Agenda2);
   abra (AgendaNova);
   repita
      copie (Agenda1, Ficha1);
      copie (Agenda2, Ficha2);
      se (Ficha1.TipoOper="I")
```

(Continua)

```
      então início
              FichaNova.Nome ← Ficha1.Nome;
              FichaNova.Telefone ← Ficha1.Telefone;
              FichaNova.DataAlter ← Ficha1.DataAlter;
              guarde (AgendaNova, FichaNova);
              avance (Agenda1);
            fim;
   fimse;
   se (Ficha2.TipoOper="I")
      então início
              FichaNova.Nome ← Ficha2.Nome;
              FichaNova.Telefone ← Ficha2.Telefone;
              FichaNova.DataAlter ← Ficha2.DataAlter;
              guarde (AgendaNova, FichaNova);
              avance (Agenda2);
            fim;
   fimse;
   se ((Ficha1.TipoOper="E") ou (Ficha2.TipoOper="E"))
      então início
              avance (Agenda1);
              avance (Agenda2);
            fim;
   fimse;
   se (((Ficha1.TipoOper="A") ou (Ficha1.TipoOper="")) e
       ((Ficha2.TipoOper="A") ou (Ficha2.TipoOper="")))
      então
         início
            se ((Ficha1.TipoOper="A") e (Ficha2.TipoOper="A"))
               então se (Ficha1.DataAlter > Ficha2.DataAlter)
                        então início
                                FichaNova.Nome ← Ficha1.Nome;
                                FichaNova.Telefone ← Ficha1.Telefone;
                                FichaNova.DataAlter ← Ficha1.DataAlter;
                              fim;
                        senão início
                                FichaNova.Nome ← Ficha2.Nome;
                                FichaNova.Telefone ← Ficha2.Telefone;
                                FichaNova.DataAlter ← Ficha2.DataAlter;
                              fim;
               senão se ((Ficha1.TipoOper="A") e (Ficha2.TipoOper=""))
                        então início
                                FichaNova.Nome ← Ficha1.Nome;
                                FichaNova.Telefone ← Ficha1.Telefone;
                                FichaNova.DataAlter ← Ficha1.DataAlter;
                              fim;
                        senão início
                                FichaNova.Nome ← Ficha2.Nome;
```

(Continua)

```
                            FichaNova.Telefone ← Ficha2.Telefone;
                            FichaNova.DataAlter ← Ficha2.DataAlter;
                         fim;
               guarde (AgendaNova, FichaNova);
               avance (Agenda1);
               avance (Agenda2);
            fim;
        fimse;
      até fda(Agenda1) e fda(Agenda2);
      feche (Agenda1);
      feche (Agenda2);
      feche (AgendaNova);
   fim.
```

Podemos perceber, então, que ambos os arquivos originais são lidos seqüencialmente e, quando ambos têm um Tipo de Operação A, é armazenado no novo arquivo o registro mais atual. Se apenas um deles possui o tipo A, este é guardado; se nenhum deles possui um tipo, qualquer um deles serve, pois ambos terão o mesmo conteúdo. Notemos ainda que, quando um dos registros possui um tipo I, ele é armazenado diretamente para o arquivo novo; finalmente, quando um deles possui o tipo E, ambos os registros são simplesmente ignorados, sem serem guardados no novo arquivo.

Não podemos esquecer que, por terem a mesma origem, os arquivos têm seus registros na mesma ordem e a mesma quantidade de registros de tipo não-I. Por isso, o tipo I é tratado prioritariamente no algoritmo, e isso também explica por que os arquivos começam e terminam juntos, apesar de possuírem alguns registros a mais (os tipo I).

Exercício de fixação 1

1.1 Utilizando o problema da biblioteca apresentado no início deste capítulo (Figura 5.1), elabore um algoritmo que permita a um usuário da biblioteca obter a listagem com as informações sobre todos os livros que tratam do assunto que ele está procurando.

1.2 Baseado no mesmo contexto de biblioteca do exercício anterior, elabore um algoritmo que permita a um funcionário da biblioteca exercer qualquer espécie de manipulação dos dados a partir de um código de livro.

Concepção direta

Ao criar um arquivo, podemos utilizar um algoritmo que expresse um padrão de comportamento rígido, com o objetivo de estruturar o arquivo para facilitar sua manipulação.

A circunstância de armazenamento que perfaz esse algoritmo é a da localização do registro dentro do arquivo ficar diretamente relacionada a uma informação constituinte desse arquivo, ou seja, através de um dos campos do registro podemos determinar o lugar onde ele está guardado, podendo acessá-lo de modo instantâneo. Obtemos, então, nessas circunstâncias, um arquivo de **concepção direta** (ou randômica).

Quando utilizamos um arquivo de concepção randômica, podemos acessar um registro específico diretamente, sem nos preocuparmos com seus antecessores, utilizando nesse acesso o mesmo campo que determinou sua posição no arquivo no instante da gravação.

O campo que determina a posição do registro no arquivo é denominado **chave**, pois é a informação capaz de acessar o registro. A chave determinada no algoritmo deve ser única, pois nunca podemos armazenar dois registros diferentes em uma mesma localização.

Em um arquivo de concepção direta, ao contrário de outro de concepção seqüencial, os registros não ficam localizados na ordem em que são gravados, o que leva a entender que cada registro possui um lugar 'reservado' para ser guardado, lugar este identificado através da chave.

Para exemplificar um arquivo de concepção direta, imaginemos a situação de um professor que deseja armazenar informações referentes a uma de suas turmas, como o nome do aluno e suas quatro notas (bimestrais). Para tal, ele utiliza como chave o código de chamada do aluno, informação que também é parte integrante do registro e é única, ou seja, cada aluno possui seu número, não havendo possibilidade de números iguais.

Na medida em que o professor possua a nota de um aluno, precisa cadastrá-la no arquivo, guardar suas informações no lugar 'reservado' para esse registro. A posição é conhecida pela chave de acesso (código do aluno) e, para que a posição corrente do arquivo passe a ser a indicada pela chave, utilizamos o comando:

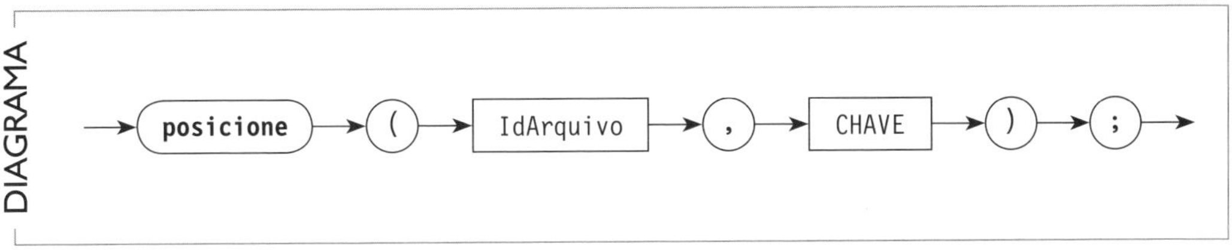

Em que:

`IdArquivo`: representa o identificador da variável de arquivo previamente definida;

`CHAVE`: é um inteiro (constante ou variável) que indica a posição corrente desejada.

Construindo o algoritmo para fazer o cadastramento dos alunos, obtemos:

ALGORITMO 5.6 Cadastro para concepção direta

```
início
   tipo aluno =  registro
                    caracter: nome;
                    inteiro: número;
                    real: N1, N1, N3, N4;
                 fimregistro;
   tipo sala = arquivo composto de aluno;
   aluno: aux;
   sala: diário;
   abra (diário);
```

(Continua)

```
   repita
      leia (aux.número, aux.N1, aux.nome);
      se (aux.número > 0)
            então início
                     aux.N2 ← 0;
                     aux.N3 ← 0;
                     aux.N4 ← 0;
                     posicione (diário, aux.número);
                     guarde (diário, aux);
                  fim;
      fimse;
   até aux.número = 0;
   feche (diário);
fim.
```

No qual podemos observar que:

- precisamos atribuir a N1, N2, N3 o valor 0 para que todos os campos a serem armazenados estejam preenchidos;
- o comando **posicione** determina que a localização no arquivo seja a estabelecida pelo número de chamada, que é a chave de acesso utilizada pelo professor, ou seja, a forma usada pelo professor para identificar um único registro do arquivo de alunos.

Para saber a nota de algum aluno já cadastrado, bastará ao professor procurar diretamente o conjunto de informações desse aluno no arquivo, ou seja, acessar o registro instantaneamente por meio de sua chave.

ALGORITMO 5.7 Acessando registros diretamente

```
início
   tipo aluno =  registro
                     caracter: nome;
                     inteiro: número;
                     real: N1, N2, N3, N4;
                  fimregistro;
   tipo sala = arquivo composto de aluno;
   aluno: aux;
   sala: diário;
   inteiro: númeroAluno;
   abra (diário);
   leia (númeroAluno);
   posicione (diário, númeroAluno);
   copie (diário, aux);
   escreva (aux.nome, "possui nota", aux.N1);
   feche (diário);
fim.
```

Observamos que:

- após a execução do comando **posicione**, o registro que está apto a ser manipulado é o indicado pela chave númeroAluno fornecida anteriormente;
- utilizamos também na saída de dados o nome do aluno, possibilidade gerada porque, quando se copia um registro, ocorre a passagem de todos os campos (no caso do arquivo, diário, para a variável auxiliar de registro, aux);
- não foi necessário fazer uma pesquisa por todos os registros do arquivo (também conhecida como busca exaustiva ou seqüencial), uma vez que o registro desejado pôde ser acessado diretamente, ou seja, sem que nenhum outro registro fosse acessado.

Outra possibilidade de utilização do arquivo de notas de aluno é a alteração de alguma nota ou a inclusão de uma nova nota, realizada sobre os registros anteriormente gravados:

ALGORITMO 5.8 Alteração no arquivo de acesso direto

```
início
   tipo aluno =  registro
                    caracter: nome;
                    inteiro: número;
                    real: N1, N2, N3, N4;
                 fimregistro;
   tipo sala = arquivo composto de aluno;
   aluno: aux;
   sala: diário;
   inteiro: númeroAluno, qualNota;
   real: nota;
   abra (diário);
   leia (númeroAluno, qualNota);
   posicione (diário, númeroAluno);
   copie (diário, aux);
   escolha qualNota
      caso 1: nota ← aux.N1;
      caso 2: nota ← aux.N2;
      caso 3: nota ← aux.N3;
      caso 4: nota ← aux.N4;
   fimescolha;
   escreva (aux.nome, "possui nota", qualNota, "=", nota);
   escreva ("Nova nota:");
   leia (nota);
   escolha qualNota
      caso 1: aux.N1 ← nota;
      caso 2: aux.N2 ← nota;
      caso 3: aux.N3 ← nota;
      caso 4: aux.N4 ← nota;
   fimescolha;
   guarde (diário, aux);
   feche (diário);
fim.
```

Observamos que:

- ocorreu a liberdade de escolha em relação a qual nota seria alterada/cadastrada, o que levou à utilização de duas seleções de múltipla escolha no instante da leitura do registro e no instante da gravação.

Exercício de fixação 2

2.1 Utilizando o contexto de controle de notas de alunos apresentado nos algoritmos **5.7** e **5.8**, elabore um algoritmo que permita que o professor consulte a média aritmética de um conjunto de alunos que vieram lhe visitar; para cada aluno o professor fornecerá o respectivo número de chamada, quando terminar o conjunto fornecerá zero como entrada. Para cada aluno consultado, o algoritmo deverá mostrar a situação do aluno entre: aprovado (média >= 7), em recuperação (média < 7 e média >= 5), ou reprovado sem recuperação (média < 5).

2.2 Baseado no exercício anterior, imagine que o professor já cadastrou todas as notas de seus alunos e que ao final do ano irá verificar a média das equipes que ele montou no começo do ano. Neste caso particular, o professor possui uma turma de 40 alunos e criou 8 equipes de 5 alunos. Elabore um algoritmo que leia a composição das equipes em uma matriz (8 x 5), na qual cada posição contém o número de chamada de um aluno e cada linha representa uma equipe. Então, utilizando esta matriz de composição consulte diretamente o arquivo de notas e mostre a média de todas as 8 equipes.

Estudo de concepções

Vimos que, dependendo das circunstâncias de criação, um arquivo pode ser concebido direta ou seqüencialmente, o que não obriga necessariamente que ele seja sempre manipulado como foi concebido; em outras palavras, um arquivo concebido randomicamente pode ser acessado seqüencialmente, sob certas condições especiais, assim como um arquivo concebido seqüencialmente pode ser acessado diretamente, se for necessário.

Arquivo direto acessado seqüencialmente

Qualquer arquivo concebido diretamente passa por um certo planejamento, que antecede sua criação, em que se define a chave de acesso do arquivo. Caso esse planejamento tenha sido inadequado, pode surgir a necessidade de obter informação do arquivo a partir de um campo não-chave, o que, nessa circunstância, implica a impossibilidade de acessar diretamente o registro procurado por não se saber onde ele se encontra, e então forçar uma busca seqüencial no arquivo de concepção randômica.

Como exemplo, imaginemos uma faculdade que foi inaugurada em 2001 e que utiliza como chave o Registro Geral (da Carteira de Identidade) de seus alunos em um registro:

FIGURA 5.5 Ficha de cadastro de aluno

```
Número de matrícula: ______________ RG: _______________________
Nome completo: ________________________________________________
Data de nascimento: _________ Sexo: ____ [M-Masculino, F-Feminino]
Curso: _____________________ [1-Pedagogia, 2-Direito, 3-Matemática]
```

Se o arquivo foi corretamente concebido, permitirá o acesso por meio de um posicionamento com o auxílio da chave RG. Porém, a coordenação dessa entidade somente identifica seus alunos através de seus respectivos números de matrícula e, nessa circunstância, caso queira obter informações sobre algum aluno a partir de seu número de matrícula, terá de fazer uma busca seqüencial no arquivo concebido randomicamente.

ALGORITMO 5.9 Exemplo de arquivo randômico acessado seqüencialmente

```
início
   tipo aluno = registro
                  inteiro: RG, Mat, Curso;
                  caracter: Nome, DataNasc, Sexo;
              fimregistro;
   tipo faculdade = arquivo composto de aluno;
   aluno: dados; // variável de registro
   faculdade: matriculas; // variável de arquivo
   inteiro: matProcurada;
   leia (matProcurada);
   abra (matriculas);
   repita
      avance (matriculas);
      copie (matriculas, dados);
   até (fda(matriculas)) ou (dados.Mat = matProcurada);
   se (dados.Mat = matProcurada)
      então escreva (dados.Mat, dados.Nome);
      senão escreva ("Aluno não registrado!");
   fimse;
   feche (matriculas);
fim.
```

Com o decorrer do tempo, pode-se tornar mais usual o acesso a esse arquivo via número de matrícula, quando cairia em desuso seu acesso direto do modo como fora planejado. Nessa ocasião, seria melhor 'converter' o arquivo concebido da forma antiga para outro concebido randomicamente através da chave número de matrícula.

Nessa faculdade, os códigos de matrícula são estruturados de modo que, dos sete dígitos desse código, os quatro primeiros representem o ano de matrícula (a faculdade iniciou suas atividades em 2001) e os três restantes, um número seqüencial para as 900 matrículas de cada ano (300 para cada um dos três cursos que possui). Se fôssemos armazenar o primeiro aluno matriculado, ele seria registrado na posição 2.001.001 do arquivo, fazendo-se necessário deixar inutilizadas as 2.001.000 primeiras posições. Podemos otimizar esse espaço de armazenamento subtraindo 2.001.000 do número de matrícula, como vemos em parte do algoritmo de 'conversão':

ALGORITMO 5.10 Conversão de chave de arquivos

```
início
   tipo aluno = registro
                  inteiro: RG, Mat, Curso;
                  caracter: Nome, DataNasc, Sexo;
              fimregistro;
   tipo faculdade = arquivo composto de aluno;
   aluno: dados; // variável de registro
   faculdade: matriculas, // variável de arquivo
              NovoArqMat; // variável de arquivo
   inteiro: pos;
   abra (matriculas);
   abra (NovoArqMat);
   repita
      copie (matriculas, dados);
      pos ← dados.Mat - 2001000;
      posicione (NovoArqMat, pos);
      guarde (NovoArqMat, dados);
      avance (matriculas);
   até fda(matriculas);
   feche (matriculas);
   feche (NovoArqMat);
fim.
```

Exercício de fixação 3

3.1 Com base no arquivo da faculdade utilizado no **Algoritmo 5.9**, elabore um algoritmo que, utilizando uma consulta seqüencial, mostre uma listagem com os nomes de todos os alunos organizados por curso.

3.2 Com base no exercício anterior, elabore um algoritmo que mostre uma listagem com os nomes de todos os alunos do sexo masculino e o curso no qual estão matriculados. Entretanto, como o campo curso possui um código, e não o nome do curso, mostre o nome a partir da consulta a um outro arquivo randômico, cuja chave é o código do curso é e que possui um campo NomeCurso.

Arquivo seqüencial acessado randomicamente: arquivo indexado

Um arquivo concebido seqüencialmente foi preenchido na mesma seqüência em que as informações foram surgindo. Isso, por definição, o condena a gravar ou ler informações seqüencialmente, o que se tornaria inconveniente se o arquivo crescesse muito e se os acessos fossem muito freqüentes, porque a cada operação de inclusão, alteração ou exclusão, seria necessário realizar uma busca exaustiva em todo o arquivo para localizar o ponto desejado, e somente então fazer a alteração.

Para ilustrar como o problema pode ser contornado, tomemos como exemplo a situação de uma empresa fundada em 2001, que registra seus funcionários à medida que eles são contratados, tendo, portanto, uma concepção seqüencial de arquivo, com o seguinte registro:

FIGURA 5.6 Ficha de cadastro de funcionário

```
Nome: ____________________________________________
Endereço: ______________________ CPF: ____________
Telefone: __________ Bairro: __________ CEP: _____
Ano de admissão: __________ Ano de demissão: _____
Estado civil: _______________ Nº de dependentes: __
Salário-base: ________ Cargo: ________ Setor: _____
```

Podemos notar que não houve nenhuma preocupação em estabelecer uma chave de acesso, ao perceber que não existe nenhum campo do registro com essa aptidão. Com o passar do tempo e o aumento no número de registros, surge a necessidade de um campo que permita o acesso direto aos dados de um funcionário. Para contornar isso, criaremos um novo arquivo que possua um campo-chave.

Esse novo campo é estruturado de forma que, dos sete dígitos que o compõem, os quatro primeiros representem o ano de admissão, os dois seguintes, o setor, e o último, um seqüencial do setor, que não fazia parte do arquivo antigo.

Utilizaremos, então, um arquivo de acesso direto que empregue como chave o código do funcionário subtraído de 2.001.000; assim, o funcionário 2.001.001 está armazenado na posição 1, o 2.001.002 na posição 2, e assim por diante. Em cada posição também será armazenada a posição do funcionário no arquivo principal, conforme vemos na **Figura 5.7**.

Dessa forma, temos um arquivo menor e de acesso direto, que permite o acesso direto no arquivo principal, de concepção seqüencial. O arquivo principal passa, então, a ser **indexado** pelo novo arquivo, também conhecido como arquivo de índices. Assim, o arquivo principal pode ser acessado da forma antiga (seqüencialmente) ou diretamente através de seu arquivo de índice. Isso funciona exatamente como uma enciclopédia não-alfabética, que possui um volume de índices que indica as páginas em que determinado tópico pode ser encontrado. Ou seja, podemos folhear seqüencialmente toda a enciclopédia à procura do tópico desejado ou podemos consultar o volume de índices e ir diretamente à página indicada nele.

FIGURA 5.7 Relação entre o arquivo principal e seu arquivo de índice

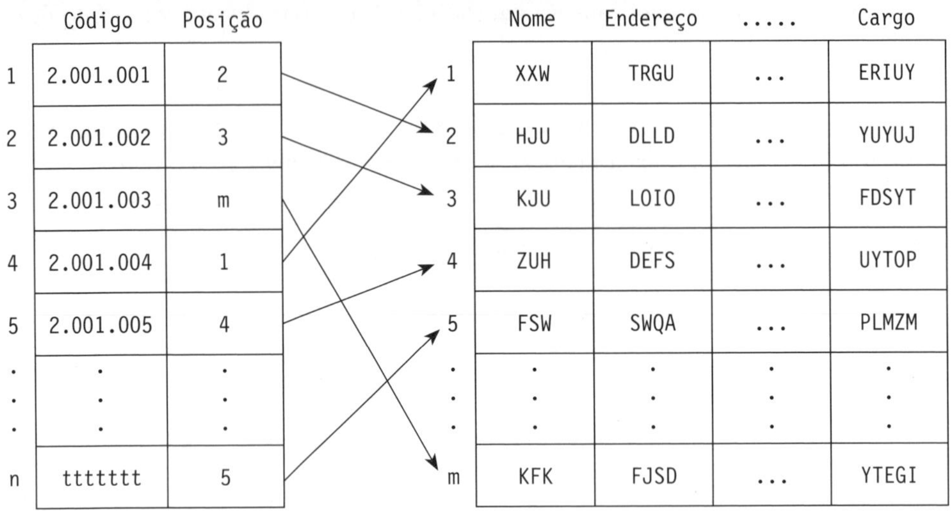

Vejamos, também, como ficaria um acesso indexado ao arquivo principal:

ALGORITMO 5.11 Acesso indexado ao arquivo seqüencial

```
início
   tipo regFunc = registro
                     caracter: nome, cargo, ender, bairro,
                                 dtAdmissão, dtDemissão, estCivil;
                     inteiro: CPF, tel, cep, nDep, CP, setor;
                     real: sal;
                fimregistro;
   tipo regCod = registro
                     inteiro: posição;
                fimregistro;
   tipo funcionário = arquivo composto de regFunc;
   tipo código = arquivo composto de regCod;
   funcionário: cadFunc;
   código: arqCod;
   regFunc: aux1;
   regCod: aux2;
   inteiro: codProcurado;
   abra (cadFunc);
   abra (arqCod);
   leia (codProcurado);
   se (codProcurado <= 2001000)
      então escreva ("Código inválido");
      senão início
                posicione (arqCod, CodProcurado - 2001000);
```

(Continua)

```
                        copie (arqCod, aux2);
                        posicione (cadFunc, aux2.posição);
                        copie (cadFunc, aux1);
                        escreva (aux1.nome, aux1.cargo);
                   fim;
      fimse;
      feche (cadFunc);
      feche (arqCod);
   fim.
```

Exercício de fixação 4

4.1 Utilizando o problema do controle de funcionários apresentado no Estudo de Concepções, Arquivo Indexado (**Figura 5.7** e **Algoritmo 5.11**), elabore um algoritmo que gere o arquivo de índices.

4.2 Com base no exercício anterior, elabore um algoritmo que a partir do código de um determinado funcionário incremente de 1 seu número de dependentes e aproveite para confirmar se houve mudança no Estado Civil.

EXERCÍCIOS PROPOSTOS

1. Dados dois arquivos concebidos seqüencialmente, possuindo as informações descritas nas fichas esquematizadas, desenvolva um algoritmo que realize uma união destes. Essa união implica criar um terceiro arquivo no qual constem apenas informações das pessoas que faziam parte de ambos os arquivos seqüenciais; informações que não possuírem correspondência não deverão existir no terceiro arquivo.

```
Nome: ______________________________
Endereço: __________________________
Telefone: __________________________
```

```
Nome: ______________________________________
Endereço: __________________________________
Bairro: _______________  Cidade: ___________
CEP: _____________  Data nasc.: ____________
```

2. A partir da estrutura dos registros, construa os algoritmos solicitados para administrar os problemas cotidianos de um clube.

- Arquivo de Associados: randômico
- Chave: Código

```
Nº sócio: ___________
Nome: ______________________________________________________
Endereço: __________________________________________________
Bairro: _____________ Cidade: ______________ Estado: _________
Nº dependentes: __________ Data de associação: _______________
```

- Arquivo de Mensalidades: seqüencial

```
Nº sócio: ___________
Data vencimento: ____________ Valor: ___________
Data de pagamento: ______________________________
```

a) Calcular o número total de possíveis freqüentadores do clube (titulares + dependentes).
b) Apresentar a relação dos associados que aniversariam em determinado mês fornecido.
c) Construir um único algoritmo capaz de fazer inclusões, alterações e exclusões no arquivo de associados.
d) Elaborar um algoritmo que crie uma nova mensalidade para cada sócio, na data e valor fornecidos.
e) Apresentar a relação dos associados inadimplentes, junto com o respectivo valor total da dívida, mostrando no final o valor totalizado de todas as dívidas dos associados.

3. Com o modelo dos registros a seguir, construa os algoritmos relacionados à administração de contas correntes em um banco:

- Arquivo de Correntistas: randômico
- Chave: Conta corrente

```
Conta corrente: __________________________________
Correntista: _____________________________________
Data abertura: ___________________________________
Agência: _________________________________________
```

- Arquivo de agências: randômico
- Chave: Nº Agência

```
Nº Agência: ______________________________________
Nome agência: ____________________________________
```

- Arquivo de lançamentos: seqüencial

```
Conta corrente: ____________________
Data: _________________________ Valor: _________________________
Docto: _______________________ Histórico: _____________________
```

a) Imprimir relação com o nome e a quantidade de correntistas de cada agência.
b) Imprimir um ranking das dez agências com maior montante de saldos.
c) Calcular o saldo de dado correntista em uma data fornecida.
d) Imprimir um extrato para um período (data inicial e data final) e conta corrente fornecida. O extrato deve apresentar o saldo anterior e, para cada lançamento do período, apresentar data, histórico, número do documento e valor. No final deve apresentar o saldo remanescente.

4. Dados dois arquivos concebidos randomicamente e um seqüencialmente, descritos através do diagrama representativo de seus respectivos registros, elabore os algoritmos especificados que têm por objetivo suprir as necessidades de uma videolocadora:

- Arquivo de Clientes: randômico
- Chave: Código

```
Código: _________________ Telefone: ____________________
Nome: __________________________________________________
Endereço: ______________________________________________
RG: ______________________ CPF: ________________________
```

- Arquivo de Fitas de Vídeo: randômico
- Chave: Código da fita

```
Código: __________________ Oscar (S/N): ________________
Título: ________________________________________________
Assunto: _______________________________________________
Data de compra: _____/_____/_____ Preço: _______________
```

- Arquivo de Movimento: seqüencial

```
Código fita: ___________________________________________
Código cliente: ________________________________________
Qtde. dias fora: ________________ Preço: _______________
```

a) Consultar quais nomes e assuntos dos filmes um cliente, fornecido, já locou.
b) Consultar quais clientes (com nome e telefone) locaram determinada fita.
c) Imprimir relatório:
   - de gastos de cada cliente;
   - da relação das fitas que cada cliente locou mais de uma vez, com suas respectivas quantidades;
   - de fitas por assunto;
   - de fitas premiadas com um Oscar;
d) Consultar quais filmes já premiados com o Oscar um determinado cliente já locou.
e) Imprimir uma relação com todas as fitas já locadas, e o total de tempo respectivo em que cada uma foi locada.
f) Imprimir relatório com as dez fitas mais locadas.
g) Imprimir relatório com a rentabilidade acumulada das duas fitas mais locadas e das duas menos locadas.
h) Imprimir quais as fitas que já se pagaram.

5. Construa um algoritmo de 'conversão' que converta o arquivo (Diário de Notas) utilizado de exemplo de Arquivo de Concepção Direta em um arquivo de concepção seqüencial.

6. Elabore um algoritmo que converta o arquivo (funcionários de uma empresa) desenvolvido para exemplificar Arquivo Seqüencial Acessado Randomicamente em um arquivo de concepção direta.

7. Dados dois arquivos, conforme o modelo de registros abaixo, construa algoritmos para tratar de problemas cotidianos do controle de estoque de uma empresa.

- Arquivo de produtos: randômico
- Chave: Código do produto

```
Código: ________________
Nome: __________________________________________________
Tipo: _________________   Estoque Mínimo: _______________
```

- Arquivo de Movimento: seqüencial

```
Código: ____________________   Data: ____________________
Quantidade: _________   Tipo: _________   Preço: _________
```

a) Dar entrada no estoque, através de operações de compra ou devolução. Armazenar o preço de compra, quando for o caso.
b) Dar saída de estoque, através de operações de venda ou transferência. Armazenar o preço de venda, quando for o caso.

c) Dado o código de um produto, possibilitar a consulta do Nome, Tipo, Estoque atual, Preço médio de venda, data da última venda, preço médio de compra, data da última compra. Uma vez que o arquivo não traz o saldo de estoque, a informação deverá ser obtida a partir do primeiro registro de movimentação do produto.
d) Dado um tipo de produto, emitir relatório de inventário, com todos os produtos do tipo e seus respectivos saldos de estoque, último custo de aquisição e custo total do estoque.
e) Apresentar a relação de produtos cujo saldo de estoque seja inferior ao estoque mínimo.

8. Conforme o modelo de registros abaixo, construa algoritmos para tratar de questões associadas ao atendimento de clientes.

- Arquivo de clientes: randômico
- Chave: CNPJ do cliente

```
CNPJ: ______________________
Razão Social: ______________________________________
Fone: __________________  email: __________________
```

- Arquivo de Atendimentos: seqüencial

```
CNPJ: ______________________  Data: ______________
Origem: ________________  Contato: ________________
Problema: __________________________________________
Solução: ___________________________________________
```

a) Dado um CNPJ de cliente mostrar o Razão Social e os 5 últimos atendimentos, originados pelo cliente, com as respectivas datas, tempo desde o chamado anterior e soluções.
b) Dado um CNPJ de cliente mostrar o Razão social e os 5 últimos atendimentos originados na empresa, com as respectivas datas e tempo desde o chamado anterior.
c) Apresentar relatório de atendimentos do mês.
d) Apresentar relação de clientes e a respectiva média de atendimentos por mês.

RESUMO

Arquivo é uma coleção de um número indeterminado de registros, podendo admitir consultas, inclusões, alterações e exclusões de registros. É aplicável para armazenar grandes volumes de dados que podem variar em quantidade de forma indeterminada.

Dependendo da forma pela qual é concebido, o arquivo pode ser classificado como **seqüencial** ou **randômico**.

O arquivo de concepção **seqüencial** é aquele que teve seus registros armazenados um após o outro, o que obriga que se faça o acesso aos dados da mesma forma.

O arquivo de concepção **direta** ou **randômica** é aquele no qual cada registro é armazenado em uma posição predeterminada, o que também permite que o acesso aos dados seja da mesma forma.

Um arquivo de acesso **direto** pode ser acessado seqüencialmente e, também, um arquivo seqüencial pode ser acessado diretamente, através de um **arquivo de índices**.

MODULARIZANDO ALGORITMOS

6

Objetivos

Explicar a técnica de refinamentos sucessivos. Introduzir o conceito de módulos, demonstrando seu efeito prático na redução da complexidade. Orientar sobre o escopo e a utilização de variáveis de forma a não gerar conflitos. Aumentar a generalidade dos módulos através da passagem de parâmetros. Comparar os diferentes contextos de módulos e suas aplicações.

- Decomposição de problemas
- Construção de módulos ou subalgoritmos
- Parametrização de módulos
- Tipos de módulos

Um problema complexo pode ser simplificado quando dividido em vários problemas. Para acompanhar essa abordagem, neste capítulo serão apresentados conceitos e técnicas que permitem a divisão de um algoritmo em módulos ou subalgoritmos.

DECOMPOSIÇÃO

A decomposição de um problema é fator determinante para a redução da complexidade. Lembremos que Complexidade é sinônimo de Variedade, ou seja, a quantidade de situações diferentes que um problema pode apresentar. Assim, quando decompomos um problema em subproblemas, estamos invariavelmente dividindo também a complexidade e, por conseqüência, simplificando a resolução. Outra grande vantagem da decomposição é que permite focalizar a atenção em um problema pequeno de cada vez, o que ao final produzirá uma melhor compreensão do todo.

É conveniente que adotemos, então, um critério para orientar o processo de decomposição:

- Dividir o problema em suas partes principais.
- Analisar a divisão obtida para garantir coerência.

- Se alguma parte ainda permanecer complexa, decompô-la também.
- Analisar o resultado para garantir entendimento e coerência.

Fazendo uma analogia, entender o funcionamento corpo humano não é nada trivial. Isso porque nosso corpo é uma máquina complexa. Porém, podemos dividir esse problema em partes menores: sistema digestivo, respiratório, nervoso, cardiovascular etc. e assim, tentando compreender cada parte separadamente, podemos compreender melhor o todo. Caso essas partes ainda sejam muito complexas, podemos continuar dividindo em partes ainda menores, por exemplo, o sistema respiratório pode ser dividido em nariz, faringe, laringe, traquéia e pulmões; os pulmões, por sua vez, em brônquios, bronquíolos e alvéolos, e assim por diante.

Esse processo de decomposição contínua também é conhecido como refinamentos sucessivos, porque se parte de um problema complexo e abrangente, que é sucessivamente dividido até resultar em problemas mais simples e específicos.

NOTA

À técnica de Refinamentos Sucessivos também se dá o nome de *Top-Down* (de cima para baixo), uma vez que se parte de conceitos mais abrangentes (abstratos) até atingir o nível de detalhamento desejado.

Também existe uma técnica exatamente inversa, conhecida por *Bottom-Up* (de baixo para cima). Consiste em partir dos conceitos mais detalhados e ir agrupando-os sucessivamente em níveis mais abrangentes (abstratos) até atingir o nível de abstração desejado.

O processo de compreensão é freqüentemente mais natural quando se usa a técnica *Top-Down*. Por exemplo, é mais fácil compreender um automóvel partindo-se do todo até o último parafuso do que do parafuso até o todo. Certamente existem exceções. Por exemplo, é mais fácil entender operações aritméticas mais abstratas, como potenciação e radiciação, se antes soubermos somar e subtrair.

Módulos

Depois de decompor um problema complexo em subproblemas, podemos construir um subalgoritmo ou módulo para cada subproblema. Passaremos a descrever de que forma isso poderá ser feito, mas antes apresentaremos o problema que será utilizado como exemplo no decorrer do capítulo.

Construir um algoritmo que calcule os atrasos e as horas trabalhadas de um dado funcionário a partir do cartão de ponto ilustrado na **Figura 6.1**.

FIGURA 6.1 Cartão de ponto

Dia	Manhã		Tarde	
	Entrada	Saída	Entrada	Saída
1				
2				
⋮				
31				

Ao final deverá ser impresso o total de atrasos e de horas trabalhadas no mês acompanhados das respectivas médias por dia.

Define-se como horas trabalhadas a soma das diferenças entre entrada e saída, dos períodos da manhã e da tarde, e atraso, como a soma dos tempos decorridos após as 8 horas (no período da manhã) e após as 14 (no período da tarde).

ALGORITMO 6.1 Cálculo dos atrasos e horas trabalhadas – versão 1

```
início
   tipo dia = registro
                 inteiro: em, sm, et, st;
             fimregistro;
   tipo totDia = registro
                   inteiro: atraso, horas;
                fimregistro;
   tipo V1 = vetor [1..31] de dia;
   tipo V2 = vetor [1..31] de totDia;
   V1: cartão;
   V2: totalDia;
   inteiro: dia, a, b, c, d, cont, i, me, ms, tm, tt, atrm, atrt,
            toth, totatr;
   cont ← 0;
   leia (dia);
   enquanto (dia > 0) e dia (dia < 32) faça
      leia (a, b, c, d);
      cartão[dia].em ← a;
      cartão[dia].sm ← b;
      cartão[dia].et ← c;
      cartão[dia].st ← d;
      cont ← cont + 1;
      leia (dia);
   fimenquanto;
   se cont > 0
      então início
```

(Continua)

```
        para i de 1 até cont faça
          me ← cartão[i].em;
          me ← (me div 100)*60 + me mod 100;
          ms ← cartão[i].sm;
          ms ← (ms div 100)*60 + ms mod 100;
          tm ← ms - me;
          atrm ← me - 480;
          me ← cartão[i].et;
          me ← (me div 100)*60 + me mod 100;
          ms ← cartão[i].st;
          ms ← (ms div 100)*60 + me mod 100;
          tt ← ms - me;
          totalDia[i].horas ← tm + tt;
          atrt ← me - 840;
          totalDia[i].atraso ← atrm + atrt;
          toth ← toth + (tm + tt);
          totatr ← totatr + (atrm + atrt);
        fimpara;
        para i de 1 até cont faça
          escreva (cartão[i].em, cartão[i].sm);
          escreva (cartão[i].et, cartão[i].st);
          escreva (totalDia[i].horas div 60);
          escreva (totalDia[i].horas mod 60);
          escreva (totalDia[i].atraso div 60);
          escreva (totalDia[i].atraso mod 60);
        fimpara;
        escreva ((toth/cont) div 60, (toth/cont) mod 60);
        escreva (toth div 60, toth mod 60);
        escreva ((totatr/cont) div 60, (totatr/cont) mod 60);
        escreva (totatr div 60, totatr mod 60);
      fim;
  fimse;
fim.
```

Esta seria a construção de um algoritmo conforme vínhamos fazendo até agora, ou seja, um algoritmo que resolve diretamente o problema como um todo, por mais que para concebê-lo tenhamos decomposto o problema. Assim, ao ler o algoritmo, não conseguimos identificar qualquer decomposição feita, o que, por conseqüência, o tornou mais difícil de ler (menos legível), uma vez que seria necessário absorver toda a complexidade de uma única vez.

No decorrer do capítulo, utilizaremos os módulos para apresentar no algoritmo a decomposição do problema.

Declaração

Para modularizar o algoritmo anterior, necessitamos de uma sintaxe para expressar essa nova estrutura compreendida por módulos. De certo modo, precisamos uniformizar determinado conjunto de ações afins, que obedecem à mesma estruturação de um algoritmo, com o objetivo de representar um bloco lógico em especial.

Para delimitar um módulo, utilizamos os delimitadores **módulo** e **fimmódulo**:

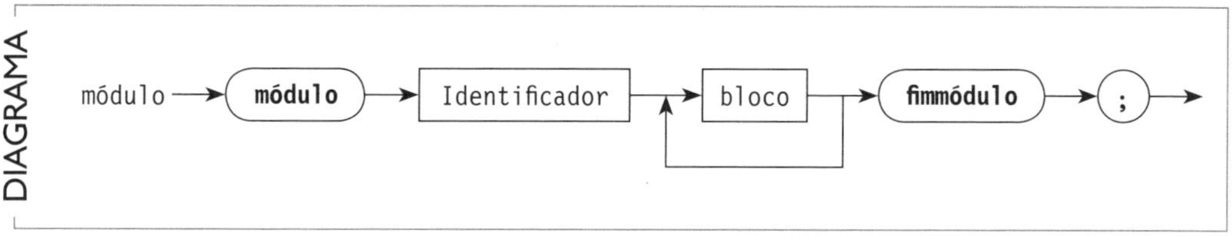

Exemplo

```
módulo < Identificador > // início do bloco lógico
   // declarações das variáveis internas
   // seqüência de ações
fimmódulo; // fim bloco lógico
```

Em que:

`Identificador` é o nome pelo qual o módulo será referenciado no algoritmo.

Quando construímos um módulo, estamos na verdade construindo um algoritmo em instância menor, ou seja, um pequeno conjunto solução, praticamente independente.

Esse subalgoritmo pode inclusive utilizar outros módulos.

Vejamos na **Figura 6.2** como ficou a decomposição do problema de uma forma gráfica, ilustrando os módulos:

FIGURA 6.2 Ilustração da decomposição do problema

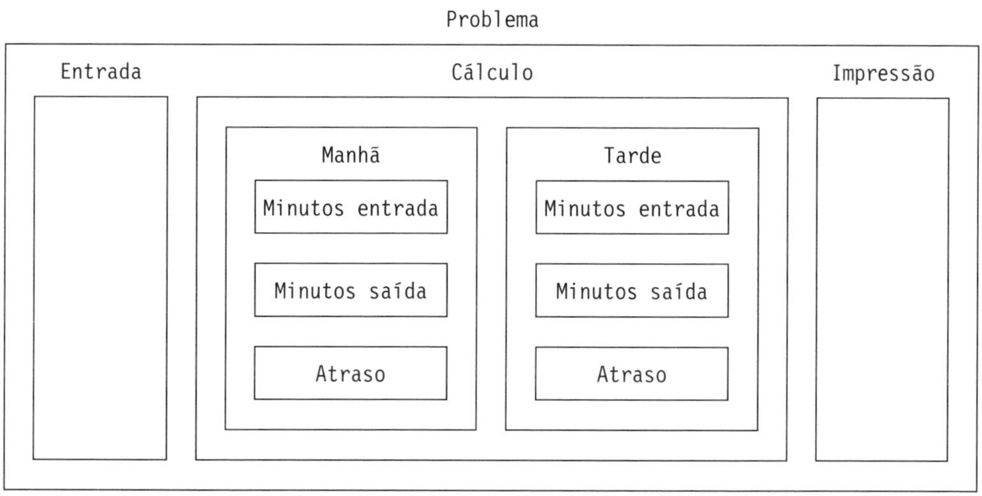

Podemos apresentar a mesma decomposição de outra forma, conforme ilustrado na **Figura 6.3**.

FIGURA 6.3 Representação hierárquica da decomposição

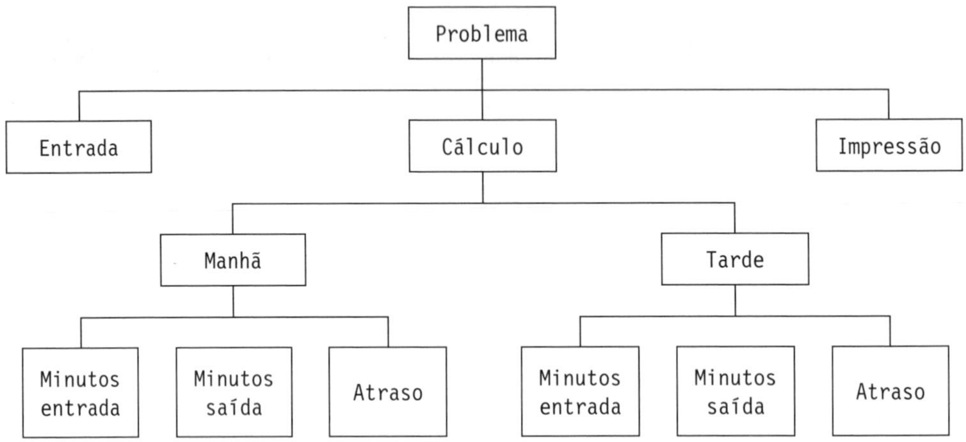

Através do diagrama percebemos a divisão hierárquica dos subalgoritmos. Por exemplo, os módulos manhã e tarde estão subordinados ao módulo cálculo, apesar de não estarem subordinados entre si e, juntamente com o módulo cálculo, estarem subordinados ao algoritmo completo.

Com o emprego de subalgoritmos utilizados especificamente para resolver problemas pequenos, aumentou-se o grau de clareza, facilitando a compreensão de cada parte isoladamente, assim como o relacionamento entre elas.

Como exemplo, vejamos a construção do módulo Entrada:

ALGORITMO 6.2 Módulo Entrada

```
módulo Entrada
   cont ← 0;
   leia (dia);
   enquanto (dia > 0) e (dia < 32) faça
      leia (a, b, c, d);
      cartão[dia].em ← a;
      cartão[dia].sm ← b;
      cartão[dia].et ← c;
      cartão[dia].st ← d;
      cont ← cont + 1;
      leia (dia);
   fimenquanto;
fimmódulo;
```

e também o módulo MinutoEntrada (pertencente ao módulo Tarde).

ALGORITMO 6.3 Módulo MinutoEntrada

```
módulo MinutoEntrada
   me ← cartão[i].et;
   me ← (me div 100)*60 + me mod 100;
fimmódulo;
```

Além de ser uma ferramenta valiosa na redução da complexidade, a modularização também traz as seguintes vantagens:

- A elaboração de cada módulo pode ser feita de forma independente, e em momentos distintos, permitindo focalizar a atenção num problema de cada vez.
- Cada módulo pode ser testado individualmente, facilitando a identificação e correção de problemas.
- A correção de problemas afeta apenas o módulo e reduz os riscos de efeitos colaterais no resto do algoritmo.
- Um módulo pode ser reaproveitado diversas vezes no mesmo ou em outros algoritmos.

Manipulação

Agora que o conjunto solução já está dividido (segundo diagrama hierárquico), precisamos verificar como ocorrerá o relacionamento entre essas partes.

A ativação de um módulo ocorre quando um determinado ponto do algoritmo contém o identificador que foi usado na definição do módulo, o que é conhecido como *chamada* (ou *ativação*) do módulo. Durante o acionamento do módulo, o fluxo de execução é desviado para ele e, logo após sua conclusão, o fluxo de execução retorna ao algoritmo de origem, no primeiro comando após a ativação.

FIGURA 6.4 Ativação de módulos

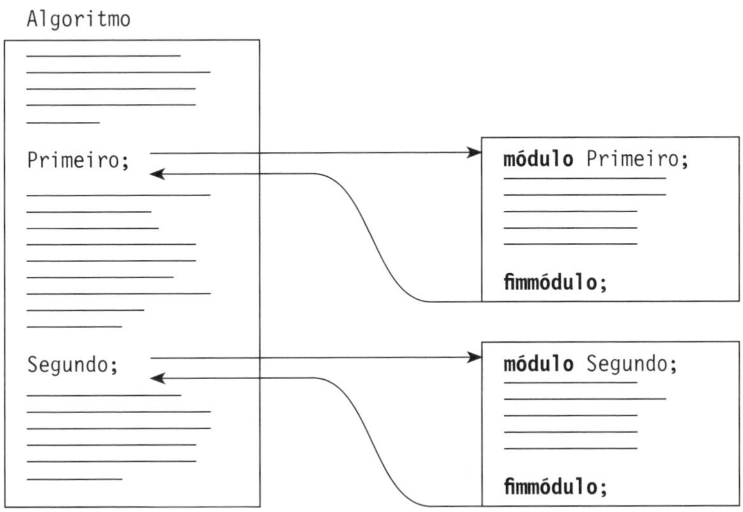

O algoritmo do cartão de ponto, agora com ativação de módulos:

ALGORITMO 6.4 Cálculo dos atrasos e horas trabalhadas – versão 2

```
início
   tipo dia = registro
                 inteiro: em, sm, et, st;
              fimregistro;
   tipo totDia = registro
                    inteiro: atraso, horas;
                 fimregistro;
   tipo V1 = vetor [1..31] de dia;
   tipo V2 = vetor [1..31] de totDia;
   V1: cartão;
   V2: totalDia;
   inteiro: dia, a, b, c, d, cont, i, me, ms, tm, tt, atrm,
            atrt, toth, totatr;

módulo Entrada
   cont ← 0;
   leia (dia);
   enquanto (dia > 0) e (dia < 32) faça
      leia (a, b, c, d);
      cartão[dia].em ← a;
      cartão[dia].sm ← b;
      cartão[dia].et ← c;
      cartão[dia].st ← d;
      cont ← cont + 1;
      leia (dia);
   fimenquanto;
fimmódulo;

módulo Cálculo

   módulo Manhã

      módulo MinutoEntrada
         me ← cartão[i].em;
         me ← (me div 100)*60 + me mod 100;
      fimmódulo;

      módulo MinutoSaída
         ms ← cartão[i].sm;
         ms ← (ms div 100)*60 + ms mod 100;
      fimmódulo;

      módulo Atraso
         atrm ← me – 480;
```

(Continua)

```
      fimmódulo;

      MinutoEntrada;
      MinutoSaída;
      tm ← ms – me;
      Atraso;

   fimmódulo;

   módulo Tarde

      módulo MinutoEntrada
         me ← cartão[i].et;
         me ← (me div 100)*60 + me mod 100;
      fimmódulo;

      módulo MinutoSaída
         ms ← cartão[i].st;
         ms ← (ms div 100)*60 + ms mod 100;
      fimmódulo;

      módulo Atraso
         atrt ← me – 840;
      fimmódulo;

      MinutoEntrada;
      MinutoSaída;
      tt ← ms – me;
      Atraso;

   fimmódulo;

   para i de 1 até cont faça
      Manhã
      Tarde;
      totalDia[i].atraso ← atrm + atrt;
      totalDia[i].horas ← tm + tt;
      toth ← toth + (tm + tt);
      totatr ← totatr + (atrm + atrt);
   fimpara;
fimmódulo;

módulo Impressão
   para i de 1 até cont faça
      escreva (cartão[i].em, cartão[i].sm);
      escreva (cartão[i].et, cartão[i].st);
      escreva (totalDia[i].horas div 60);
      escreva (totalDia[i].horas mod 60);
```

(Continua)

```
         escreva (totalDia[i].atraso div 60);
         escreva (totalDia[i].atraso mod 60);
      fimpara;
      escreva ((toth/cont) div 60, (toth/cont) mod 60);
      escreva (toth div 60, toth mod 60);
      escreva ((totatr/cont) div 60, (totatr/cont) mod 60);
      escreva (totatr div 60, totatr mod 60);
   fimmódulo;
      Entrada;
      se cont > 0
         então início
                  Cálculo;
                  Impressão;
               fim;
      fimse;
   fim.
```

Escopo de variáveis

Até este momento cuidamos da divisão e da estruturação dos conjuntos de ações afins que compuseram os módulos, porém não nos preocupamos em agrupar as variáveis coerentemente, ou seja, de acordo com seu emprego na estrutura definida. Todas as variáveis utilizadas no algoritmo encontram-se declaradas em seu início, o que as torna passíveis de aplicação por qualquer módulo integrante. Essas variáveis são denominadas **globais**.

Em alguns casos, uma determinada variável é utilizada apenas por um módulo específico, o que não justifica uma definição global, pois somente se fazem necessários o conhecimento e a utilização dessa variável dentro dos limites desse bloco lógico.

Essa situação ocorre quando a variável é declarada internamente ao módulo e é denominada **variável local**.

O escopo ou abrangência de uma variável, na realidade, denota sua visibilidade (conhecimento e aplicação) perante os diversos módulos integrantes do algoritmo. A visibilidade é relativa à hierarquia; podemos dizer, então, que uma variável é *global* a todos os módulos hierarquicamente inferiores e é *local* quando é visível apenas em seu contexto e não aos módulos hierarquicamente superiores.

Para visualizar melhor esses conceitos e analisar casos peculiares, vejamos, na **Figura 6.5**, um exemplo genérico.

FIGURA 6.5 Escopo de variáveis

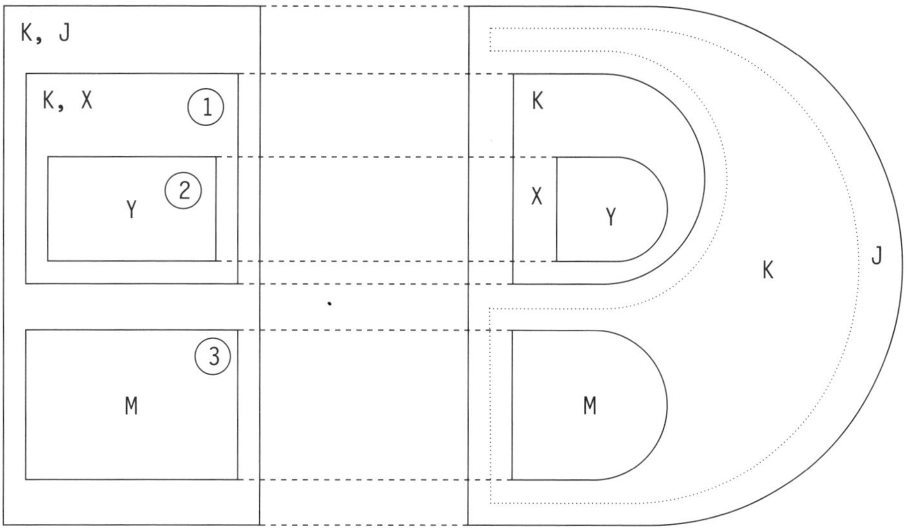

Observamos que as variáveis K e J definidas no início do algoritmo são visíveis, a princípio, a todo e qualquer módulo, ou seja, são globais a todos. A variável M é local ao módulo 3 e visível apenas a este, assim como a variável Y é local ao módulo 2.

Em outra situação, temos a variável X, que é local ao módulo 1, sendo visível também ao módulo 2, podendo ser definida relativamente como global ao módulo 2.

Em uma situação bastante particular, na qual ocorre um conflito na declaração da variável K (início do algoritmo e interior do módulo 1), assumiremos sempre que a variável a ser utilizada no interior do módulo será a que foi definida neste, ignorando a existência de outra variável de mesmo nome no âmbito global. Temos, então, que os módulos 1 e 2 não enxergam a mesma variável global K vista pelo módulo 3, e sim a variável K definida localmente a 1 e globalmente a 2.

Refazendo o algoritmo do cartão de ponto utilizando os conceitos de escopo de variáveis, temos:

ALGORITMO 6.5 Cálculo dos atrasos e horas trabalhadas – versão 3

```
início
   tipo dia = registro
                   inteiro: em, sm, et, st;
                fimregistro;
   tipo totDia = registro
                      inteiro: atraso, horas;
                   fimregistro;
   tipo V1 = vetor [1..31] de dia;
   tipo V2 = vetor [1..31] de totDia;
   V1: cartão;
```

(Continua)

```
V2: totalDia;
inteiro: cont, i, toth, totatr;

módulo Entrada
   inteiro: dia, a, b, c, d;
   cont ← 0;
   leia (dia);
   enquanto (dia > 0) e (dia < 32) faça
      leia (a, b, c, d);
      cartão[dia].em ← a;
      cartão[dia].sm ← b;
      cartão[dia].et ← c;
      cartão[dia].st ← d;
      cont ← cont + 1;
      leia (dia);
   fimenquanto;
fimmódulo;

módulo Cálculo
   inteiro: tm, tt, atrm, atrt;

   módulo Manhã
      inteiro: me, ms;

      módulo MinutoEntrada
         me ← cartão[i].em;
         me ← (me div 100)*60 + me mod 100;
      fimmódulo;

      módulo MinutoSaída
         ms ← cartão[i].sm;
         ms ← (ms div 100)*60 + ms mod 100;
      fimmódulo;

      módulo Atraso
         atrm ← me – 480
      fimmódulo;

      MinutoEntrada
      MinutoSaída
      tm ← ms – me
      Atraso;

   fimmódulo;

   módulo Tarde
      inteiro: me, ms;

      módulo MinutoEntrada
```

(Continua)

```
            me ← cartão[i].et;
            me ← (me div 100)*60 + me mod 100;
         fimmódulo;

         módulo MinutoSaída
            ms ← cartão[i].st;
            ms ← (ms div 100)*60 + ms mod 100;
         fimmódulo;

         módulo Atraso
            atrt ← me - 840;
         fimmódulo;

         MinutoEntrada;
         MinutoSaída;
         tt ← ms - me;
         Atraso;

      fimmódulo;

      para i de 1 até cont faça
         Manhã;
         Tarde;
         totalDia[i].atraso ← atrm + atrt;
         totalDia[i].horas ← tm + tt;
         toth ← toth + (tm + tt);
         totatr ← totatr + (atrm + atrt);
      fimpara;
   fimmódulo;

   módulo Impressão
      para i de 1 até cont faça
         escreva (cartão[i].em, cartão[i].sm);
         escreva (cartão[i].et, cartão[i].st);
         escreva (totalDia[i].horas div 60);
         escreva (totalDia[i].horas mod 60);
         escreva (totalDia[i].atraso div 60);
         escreva (totalDia[i].atraso mod 60);
      fimpara;
      escreva ((toth/cont) div 60, (toth/cont) mod 60);
      escreva (toth div 60, toth mod 60);
      escreva ((totatr/cont) div 60, (totatr/cont) mod 60);
      escreva (totatr div 60, totatr mod 60);
   fimmódulo;

   Entrada;
   se cont > 0
      então início
               Cálculo;
```

(Continua)

```
                  Impressão;
              fim;
   fimse;
fim.
```

Vejamos na **Figura 6.6** como ficou o escopo de variáveis do nosso exemplo.

FIGURA 6.6 Escopo de variáveis do Algoritmo 6.5

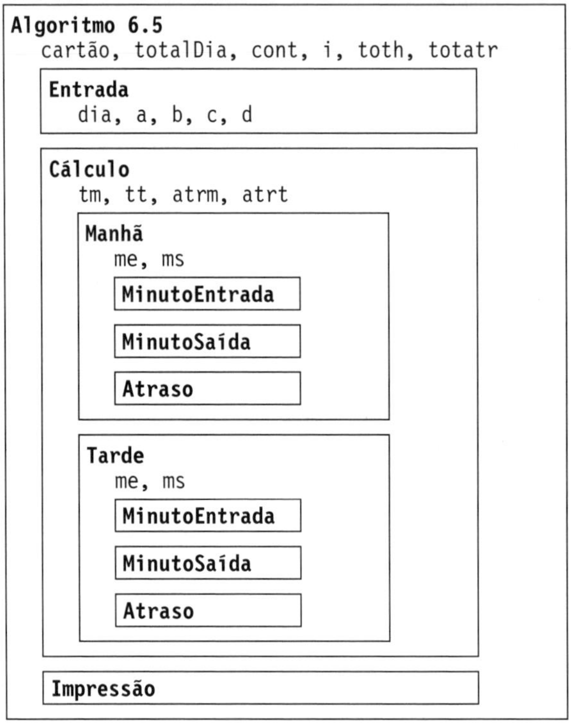

EXERCÍCIOS DE FIXAÇÃO 1

1.1 Defina o valor das variáveis em cada módulo:

a)

```
início
   inteiro: A,B,C;
   módulo Um
      inteiro: A,B,D;
      módulo Dois
         inteiro: C,D,E;
         módulo Três
            inteiro: D,E;
            D ← 7;
            E ← 8;
         fimmódulo; // Três
         C ← 5;
         D ← 6;
         E ← 7;
         Três;
      fimmódulo; // Dois
      A ← 2;
      B ← 3;
      D ← 5;
      Dois;
   fimmódulo; // Um
   A ← 1;
   B ← 2;
   C ← 3;
   Um;
fim.
```

b)

```
início
   inteiro: A,B,C;
   módulo Um
      inteiro: A,C;
      A ← B + 4;
      C ← A - 1;
   fimmódulo; // Um
   módulo Dois
      inteiro: A,D,E;
      módulo Três
         inteiro: B,D;
         B ← C * 2;
         D ← E + 1;
      fimmódulo; // Três
      A ← C * 5;
      D ← A + 2;
      E ← B – 1;
      Três;
   fimmódulo; // Dois
   A ← 5;
   B ← A + 5;
   C ← B – 3;
   Dois;
   Um;
fim.
```

Passagem de parâmetros

Aprendemos a decompor um problema por refinamentos sucessivos e a representar essa decomposição através dos módulos ou subalgoritmos. Assim, cada subparte do problema interage apenas com algumas das demais partes, conforme a divisão que foi concebida. Acaba funcionando como um quebra-cabeça em que cada peça possui apenas uma possibilidade de encaixe com algumas outras peças.

Seria mais promissor se cada peça pudesse ser encaixada com qualquer outra peça, como em um brinquedo de montar, o que se torna possível quando cada peça é generalizada, ou seja, é projetada de forma que seu uso possa ser o mais genérico possível.

Exemplificando, um módulo que calcula o valor de dois elevado ao cubo (2^3) tem uma aplicação muito restrita. Porém, se generalizássemos o módulo de forma a torná-lo capaz de calcular o valor de qualquer base elevada a qualquer expoente, sua aplicação seria muito mais abrangente. Portanto, dizemos que um módulo é generalizado quando ele for parametrizado.

A utilização de parâmetros nos módulos funciona de forma muito similar às funções matemáticas, como podemos notar:

$f(x,y) = x^y$, em que x e y são parâmetros.

Essa função em particular (f) foi definida em termos dos parâmetros x e y. Para calcularmos a função para algum valor particular de x e y, devemos substituí-los pelo valor dos argumentos desejados.

$f(3,2) = 3^2 = 9$
$f(5,3) = 5^3 = 125$

Uma correspondência é estabelecida entre os parâmetros da definição e os argumentos utilizados. No primeiro exemplo, o parâmetro x foi substituído pelo argumento 3, enquanto o parâmetro y foi substituído pelo argumento 2. É importante perceber que a ordem é crucial, pois f(3,2) não é o mesmo que f(2,3).

Declaração

A parametrização de um módulo deve evidenciar a interface módulo *versus* chamada, composta da declaração dos parâmetros, pela seguinte sintaxe:

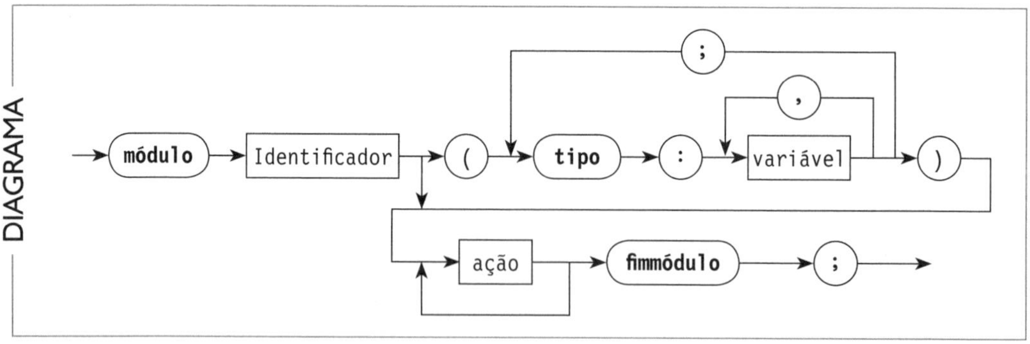

Exemplo

```
módulo < Identificador > (tipo: V1, V2, V3)
   // declaração das variáveis locais
   // seqüência de ações
fimmódulo;
```

Em que

`Identificador`: é o nome pelo qual o módulo será referenciado no algoritmo:

`V1`,`V2` e `V3`: são as variáveis declaradas como os parâmetros do módulo.

Exemplificando, vejamos, então, a generalização dos módulos `Manhã` e `Tarde` (pertencentes ao módulo `Cálculo` no **Algoritmo 6.5**), através do emprego de um parâmetro que represente o período.

ALGORITMO 6.6 Módulo CalculaPeríodo

```
módulo CalculaPeríodo (inteiro: HE, HS, período);
   inteiro: me, ms;

   módulo MinutoEntrada
      me ← (HE div 100)* 60 + HE mod 100;
   fimmódulo;

   módulo MinutoSaída
      ms ← (HS div 100)*60 + HS mod 100;
   fimmódulo;

   módulo Atraso
      se período = 480
         então início
                  atrm ← me - 480;
                  tm ← ms - me;
               fim;
         senão início
                  atrt ← me - 840;
                  tt ← ms - me;
               fim;
      fimse;
   fimmódulo;

   MinutoEntrada;
   MinutoSaída;
   Atraso;

fimmódulo;
```

Utilizamos um módulo `CalculaPeríodo` que unificou os módulos `Manhã` e `Tarde` empregando para cálculo dos minutos de entrada e saída as variáveis `HE` e `HS`, respectivamente, sendo que estes parâmetros permitem o cálculo independente do período em questão, pois seus valores são passados como argumentos. O parâmetro `Período` é utilizado para podermos verificar o valor a ser subtraído no cálculo do atraso (480 para manhã e 840 para tarde) e determinar qual total será calculado (`tm` ou `tt`) através dos argumentos que são enviados na chamada ao módulo.

Manipulação

A passagem de parâmetros ocorre a partir da correspondência argumento-parâmetro. Os argumentos, que podem ser constantes ou variáveis, presentes na chamada do módulo serão correspondidos pelos parâmetros do módulo na mesma ordem, ou seja, ao primeiro argumento corresponde o primeiro parâmetro, ao segundo argumento, o segundo parâmetro e assim por diante.

Ilustremos isso com um módulo que efetue a troca recíproca de conteúdo de duas variáveis.

ALGORITMO 6.7 Módulo Troca

```
módulo Troca (inteiro: X, Y)
   inteiro: aux;
   aux ← X;
   X ← Y;
   Y ← aux;
fimmódulo;
```

Supondo o seguinte trecho de algoritmo:

```
...

a ← 7;
b ← 15;
Troca (a, b);
escreva (a, b);

...
```

Temos que, ao ativar o módulo `Troca`, o valor de `A` (7) é transferido para seu respectivo parâmetro `X`, assim como o de `B` (15) é transferido para `Y`. Após executadas todas as ações do módulo, `X` valerá 15 e `Y`, 7, e, ao retornar, os valores `X` e `Y` serão transferidos, respectivamente, para `A` e `B`, concretizando assim a troca de conteúdos.

Vejamos como ficaria a utilização do módulo `CalculaPeríodo` inserido no módulo `Cálculo`:

ALGORITMO 6.8 Acionamento do módulo CalculaPeríodo

```
módulo Cálculo
   inteiro: tm, tt, atrm, atrt;

   módulo CalculaPeríodo (inteiro: HE, HS, período);
      inteiro: me, ms;

```

(Continua)

```
        módulo MinutoEntrada
           me ← (HE div 100)*60 + HE mod 100;
        fimmódulo;

        módulo MinutoSaída
           ms ← (HS div 100)*60 + HS mod 100;
        fimmódulo;

        módulo Atraso
           se período = 480
               então início
                          atrm ← me - 480;
                          tt ← ms - me;
                     fim;
               senão início
                          atrt ← me - 840;
                          tt ← ms - me;
                     fim;
           fimse;
        fimmódulo;

        MinutoEntrada;
        MinutoSaída;
        Atraso;

     fimmódulo;

     para i de 1 até cont faça
        CalculaPeríodo (cartão[i].em, cartão[i].sm, 480);
        CalculaPeríodo (cartão[i].et, cartão[i].st, 840);
        totalDia[i].atraso ← atrm + atrt;
        totalDia[i].horas ← tm + tt;
        toth ← toth + (tm + tt);
        totatr ← totatr + (atrm + atrt);
     fimpara;

  fimmódulo;
```

Na chamada ao módulo CalculaPeríodo são enviados os valores respectivos de cada argumento esperado; na primeira requisição utilizamos em, sm e 480, pois desejamos efetuar os cálculos que outrora eram efetuados pelo módulo Manhã. De modo semelhante, na segunda requisição utilizamos et, st e 840 quando queremos calcular valores respectivos ao período da tarde (antigo módulo Tarde).

Exercícios de fixação 2

2.1 Dado o módulo a seguir, determinar o valor impresso para cada uma das chamadas:

```
módulo Equação1 (inteiro: A)
   inteiro: X;
   X ← pot (A, 2) + (5 * A) + 3;
   escreva (X);
fimmódulo;
```

a) `Equação1 (2);`

b) `Equação1 ((3 * 4) – 14 + (8/4));`

c) `B ← 3;`
   `Equação1 (B * 2 – 1);`

d) `B ← 6;`
   `A ← B * 5/3;`
   `Equação1 (A – 9);`

2.2 Dado o módulo a seguir, determinar o valor impresso para cada uma das chamadas:

```
módulo Equação2 (inteiro: A, B, C);
   inteiro: X;
   X ← 0;
   se A + 2 > B – 3
      então X ← C * 2;
   fimse;
   se C / 4 < B * 3
      então X ← X + 5;
   fimse;
   se X < A + B
      então C ← A – B;
      senão B ← C * A;
   fimse;
   X ← A + B – C;
   escreva (X);
fimmódulo;
```

a) `Equação2 (3, 4, 5);`

b) `Equação2 (8 – 3 * 2, –5 + 12/2, –1);`

c) `A ← 3 * 2;`
   `B ← A – 3;`
   `C ← A + B;`
   `Equação2 (B, C, A);`

Contexto de módulos

Um módulo é um algoritmo em instância menor, é um subalgoritmo que obedece à mesma estruturação do conjunto total, possui um objetivo bem particular, deseja resolver um problema em especial, especificar uma solução.

Algumas características que envolvem essa solução determinam um conceito particular aos módulos. A essência do módulo, seu objetivo, dita a situação que norteia seu conjunto de ações, determina o que chamamos de contexto.

Contexto de ação

Assumiremos que um módulo possui contexto de ação quando ele se preocupar com um processo em particular, quando seu conjunto de ações for o que perfaz sua essência. Como exemplo, podemos criar os módulos Entrada e Impressão, desenvolvidos no algoritmo do cartão de ponto, ambos procurando resolver uma pequena parte do algoritmo, leitura e saída dos dados, respectivamente, em que as ações descritas possuem grau de mesmo valor e componentes diretos da solução.

Vejamos outro módulo que possui contexto de ação, cujo objetivo é inverter os conteúdos de um vetor de dez posições inteiras, enviado como parâmetros, utilizando um tipo construído (VET) definido globalmente.

ALGORITMO 6.9 Módulo Inverte Vetor

```
módulo Inverte (VET: VI)
   inteiro: i, aux;
   para i de 1 até 10 faça
      aux ← VI[i];
      VI[i] ← VI[11-i];
      VI[11-i] ← aux;
   fimpara;
fimmódulo;
```

Expandindo esse exemplo para matrizes utilizando um tipo construído (MAT, quatro linhas e quatro colunas) definido globalmente, cujo valor de variável é recebido como parâmetro, temos:

ALGORITMO 6.10 Módulo InverteMatriz

```
módulo InverteMatriz (MAT: MI)
   inteiro: i, j, aux;
   para i de 1 até 4 faça
      para j de 1 até i faça
         aux ← MI[i,j];
         MI[i,j] ← MI[j,i];
         MI[j,i] ← aux;
      fimpara;
   fimpara;
fimmódulo;
```

Uma matriz resultante dessa transformação é conhecida como matriz transporta.

Observamos que ambos os módulos utilizam a troca de duas variáveis, que na construção de um algoritmo poderia ser substituída por uma chamada a um outro módulo, também com contexto de ação, que fosse genérico, recebendo dois parâmetros inteiros e efetuando a troca entre eles (módulo `Troca` – **Algoritmo 6.7**).

Exercícios de fixação 3

3.1 Construa um algoritmo que leia três números inteiros A, B, C e que, utilizando um módulo com Contexto de Ação e passagem de parâmetros, imprima esses três números em ordem crescente.

3.2 Elabore um algoritmo que leia a seguinte estrutura de dados através de um módulo Leitura:

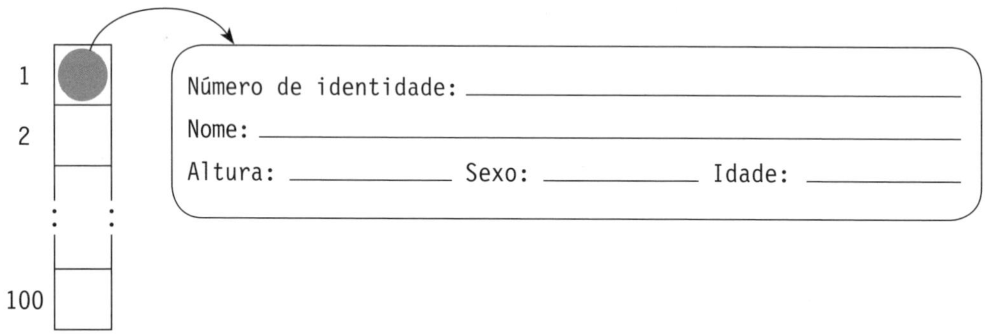

e que possua outros dois módulos, um que receba como parâmetro duas posições do vetor e que mostre todas as informações coincidentes existentes entre esses dois registros, e outro que receba como parâmetro um nome, mostre as informações relacionadas a este e procure um possível outro nome igual (se existir, também o exibe).

Contexto de resultado

Assumiremos que um módulo possui contexto de resultado quando este se preocupar com um valor especial, quando sua característica for a de calcular um resultado. Para exemplificar, podemos lembrar as funções matemáticas sobre as quais é possível desenvolver alguns módulos com esse contexto: calcular uma raiz, um valor absoluto, um fatorial ou mesmo verificar se um número é par, primo etc.

A essência de um módulo com contexto de resultado é que seu conjunto de ações visa um objetivo único, que é 'retornar' ao ponto de sua chamada um valor, sendo que este será associado ao próprio nome que identifica o módulo.

Para que um módulo possa retornar um valor, ou seja, devolver um resultado como resposta, será necessário que explicitemos qual é o valor a retornar, o que será efetuado através do comando:

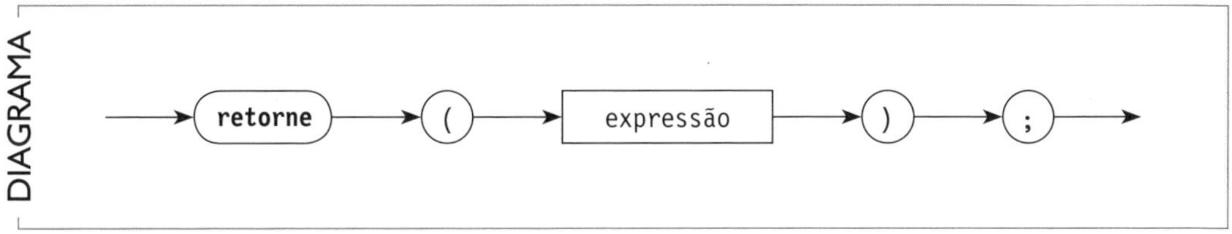

Exemplo

a) **retorne** (5);
b) **retorne** (X);
c) **retorne** (Y * 2);

Para que um módulo possua contexto de resultado, é necessário que contenha o comando `retorne`, pois este é o que fará o retorno do valor da expressão através do identificador do módulo para a parte do algoritmo ou módulo em que foi chamado. Como exemplo, vejamos um módulo que tem por objetivo verificar o sinal de um número que recebe como parâmetro, sendo que este deve retornar –1 se o número for negativo, 0 se o número for nulo e +1 se for positivo.

ALGORITMO 6.11 Módulo Sinal

```
módulo Sinal (inteiro: X)
    se X > 0
        então retorne (1);
        senão se X = 0
                    então retorne (0);
                    senão retorne (-1);
                fimse;
    fimse;
fimmódulo;
```

Supondo o seguinte trecho de algoritmo:

```
...
a ← –17
b ← Sinal (a);
escreva (b)
...
```

Ocorre que o valor de `A` (–17) é enviado como argumento ao módulo `Sinal`, no qual é recebido e utilizado através do parâmetro `X`; usando as comparações, o módulo retorna o devido valor, no caso, –1, que será o valor atribuído à variável `B` e exibido pelo comando **escreva**. Vejamos outro módulo, que tem por objetivo retornar verdadeiro se o argumento recebido for par, e falso, caso contrário (ímpar):

ALGORITMO 6.12 Módulo Par

```
módulo Par (inteiro: N)
   se (N mod 2) = 0
      então retorne (V);
      senão retorne (F);
   fimse;
fimmódulo;
```

Devemos ter cuidado ao utilizar módulos com contexto de resultado, pois quando atribuímos o retorno do módulo a uma variável recebemos um valor do mesmo tipo ao da expressão utilizada no comando **retorne**, sendo necessária a verificação da compatibilidade de tipos. O resultado do módulo Par só poderá ser atribuído a uma variável de tipo primitivo lógico.

O algoritmo do cartão de ponto, utilizando os conceitos de contexto de módulos, fica:

ALGORITMO 6.13 Cartão de Ponto – versão 4

```
início
   tipo dia = registro
                    inteiro: em, sm, et, st;
              fimregistro;
   tipo totDia = registro
                    inteiro: atraso, horas;
                 fimregistro;
   tipo V1 = vetor [1..31] de dia;
   tipo V2 = vetor [1..31] de totDia;
   V1: cartão;
   V2: totalDia;
   inteiro: cont, i, toth, totatr;

   módulo Entrada
      inteiro: dia, a, b, c, d;
      cont ← 0;
      leia (dia);
      enquanto (dia > 0) e (dia < 32) faça
         leia (a, b, c, d);
         cartão[dia].em ← a;
         cartão[dia].sm ← b;
         cartão[dia].et ← c;
         cartão[dia].st ← d;
         cont ← cont + 1;
         leia (dia);
      fimenquanto;
   fimmódulo;

   módulo Cálculo

      módulo Minuto (inteiro: H)
```

(Continua)

```
         inteiro: m;
         m ← (H div 100)*60 + H mod 100;
         retorne (m);
      fimmódulo;

      módulo Atraso (inteiro: H, período)
         inteiro: a;
         a ← minuto (H) - período;
         retorne (a);
      fimmódulo;

      módulo Total (inteiro: HE, HS);
         inteiro: t;
         t ← minuto (HS) - minuto (HE);
         retorne (t);
      fimmódulo;

      para i de 1 até cont faça
         totalDia[i].atraso ←  Atraso(cartão[i].em, 480) +
                               Atraso(cartão[i].et, 840);
         totalDia[i].horas ←   Total(cartão[i].em, cartão[i].sm) +
                               Total(cartão[i].et, cartão[i].st);
         toth ← toth + totalDia[i].horas;
         totatr ← totatr + totalDia[i].atraso;
      fimpara;

   fimmódulo;

   módulo Impressão
      para i de 1 até cont faça
         escreva (cartão[i].em, cartão[i].sm);
         escreva (cartão[i].et, cartão[i].st);
         escreva (totalDia[i].horas div 60);
         escreva (totalDia[i].horas mod 60);
         escreva (totalDia[i].atraso div 60);
         escreva (totalDia[i].atraso mod 60);
      fimpara;
      escreva ((toth/cont) div 60, (toth/cont) mod 60);
      escreva (toth div 60, toth mod 60);
      escreva ((totatr/cont) div 60, (totatr/cont) mod 60);
      escreva (totatr div 60, totatr mod 60);
   fimmódulo;

   Entrada;
   se cont > 0
      então início
               Cálculo;
               Impressão;
```

(Continua)

```
                fim;
        fimse;

    fim.
```

Observamos que no algoritmo final existem três módulos com contexto de ação (Entrada, Cálculo e Impressão) e três módulos com contexto de resultado (Minuto, Atraso e Total). Ao longo do desenvolvimento deste, incluímos novos conceitos, e a cada nova versão havia um algoritmo mais legível, um algoritmo mais claro, conciso e funcional, que foi o resultado da **modularização**.

Exercícios de fixação 4

4.1 Construa um módulo que calcule a quantidade de dígitos de determinado número inteiro.

4.2 Elabore um módulo que retorne o reverso de um número inteiro, por exemplo 932 → 239.

4.3 Construa um módulo que, dado um número de conta corrente com cinco dígitos, retorne seu dígito verificador, o qual é calculado da seguinte maneira:

Exemplo

número da conta: 25678

- somar números da conta com seu inverso: 25678 + 87652 = 113330;
- multiplicar cada dígito por sua ordem posicional e somar esse resultado:

```
   1      1      3      3      3      0
 * 1    * 2    * 3    * 4    * 5    * 6
 ---    ---    ---    ---    ---    ---
   1  +   2  +   9  +  12  +  15  +   0  = 39
```

- o último dígito deste resultado é o dígito verificador da conta (39 → 9).

EXERCÍCIOS PROPOSTOS

1. Supondo os módulos a seguir, indique o tipo de contexto de cada um:

a) Dígito verificador do CPF
b) Inversão de matrizes
c) Eliminação de registros de um arquivo
d) Média aritmética
e) Resto da divisão
f) Juros compostos

g) Aumento nos preços dos produtos

h) Relação dos alunos reprovados

2. Construa um módulo que calcule o resto da divisão entre dois números (sem utilizar o operador mod).

3. Construa um módulo que calcule o quociente inteiro da divisão entre dois números (sem utilizar o operador div).

4. Construa um módulo capaz de obter a raiz quadrada inteira de um número inteiro qualquer.

5. Construa um módulo que identifique se um número é ou não divisível por 6.

6. Construa um módulo que identifique se um número é ou não primo.

7. Construa um módulo que imprima todos os divisores de dado número.

8. Construa um módulo capaz de obter o MMC entre dois números inteiros quaisquer.

9. Construa um módulo capaz de obter o MDC entre dois números inteiros quaisquer.

10. Construa um módulo capaz de calcular a exponenciação para quaisquer base e expoentes inteiros;

11. Construa um módulo que apresente o valor absoluto de dado número.

12. Construa um módulo capaz de calcular o fatorial de um número.

13. Construa um módulo que calcule o Arranjo de n elementos, p a p. Utilize a fórmula A = n!/(n–p)!

14. Construa um módulo que calcule o número de Combinações de n elementos p a p. Utilize a fórmula C = n!/(p!*(n–p)!)

15. Construa um módulo que faça o arredondamento científico de qualquer valor fracionário.

16. Construa um algoritmo modularizado que, a partir de um vetor de 100 inteiros, possibilite:

a) a digitação dos valores no vetor;

b) imprimir o valor do somatório de seus itens;

c) imprimir a média dos valores fornecidos;

d) calcular o desvio-padrão;

e) substituir por zero todos os valores negativos;

f) substituir por zero todos os valores repetidos (maiores que zero).

17. Construa um algoritmo que calcule o somatório dos *n* primeiros termos da série de Fibonacci (1, 1, 2, 3, 5, ...).

18. Imprima por extenso o valor de qualquer número com até 12 casas.

19. Com base no seguinte registro:

```
Número do cheque: ______________________  Agência: _______
Número da conta corrente: ______________  DV: ____________
Nome: __________________________________  Valor: _________
```

Construa um algoritmo que possua:

- módulo para leitura do registro;
- módulo para validação do dígito verificador (utilize a mesma fórmula do exercício 4.3);
- módulo para somar e imprimir a soma total dos cheques de uma mesma pessoa, acionando cada vez que a leitura detecta outro cliente.

O algoritmo deve ser executado até que o número do cheque seja igual a zero.

20. Com base no exemplo do cartão de ponto, aprimore o algoritmo final de modo que imprima o total de horas extras ou horas devidas do mês. Para tal, sabe-se que a jornada de trabalho diário é de oito horas. Se o funcionário trabalhar mais que isso acumulará horas extras, se trabalhar menos acumulará horas devidas. No fim do mês, o algoritmo deverá informar o saldo de horas e se o mesmo é de horas extras ou de horas devidas.

RESUMO

Complexidade é sinônimo de **variedade**. Sempre que um problema é decomposto, ou seja, é dividido em partes menores, a variedade é reduzida e, com ela, a complexidade. Os algoritmos podem acompanhar a decomposição de problemas através dos **módulos**, também conhecidos como **subalgoritmos** por representarem uma parte do algoritmo como um todo.

O **escopo** ou abrangência de variáveis trata da visibilidade destas nos diversos módulos existentes. As variáveis são de escopo **global** quando são visíveis em todos os módulos hierarquicamente inferiores e **local** quando são visíveis apenas no próprio módulo. Esse tipo de recurso possibilita uma maior independência dos módulos, uma vez que cada módulo pode utilizar suas próprias variáveis (locais) sem interferir nos demais módulos.

A **parametrização** de módulos possibilita uma maior generalização e, conseqüentemente, um maior reaproveitamento dos módulos em um maior número de situações diferentes.

Em sua essência, os módulos podem ser de **contexto de ação** quando são centrados nos processos e atividades realizadas, enquanto são de **contexto de resultado** quando têm por objetivo calcular ou obter algum valor em especial.

ESTRUTURAS DE DADOS AVANÇADAS

7

Objetivos

Apresentar o conceito básico das estruturas avançadas: a lista. Explicar como a lista pode ser utilizada para que funcione como uma fila, pilha, árvore ou demais estruturas.

- Utilização de listas
- Método de acesso: fila
- Método de acesso: pilha
- Utilização de árvores
- Outras estruturas

Este capítulo não apresentará novos conceitos (novos comandos ou novas estruturas de dados), pois tem por objetivo utilizar apenas os conhecimentos apresentados até aqui na resolução de problemas computacionais clássicos, demonstrando assim a versatilidade do conhecimento adquirido nas mais diversas situações.

Neste capítulo pretendemos abordar os conceitos e as aplicações básicas de algumas estruturas de dados clássicas (tais como filas, pilhas, árvores etc.), enfocando em essência o fundamento lógico de suas principais operações. Portanto, não temos a pretensão de esgotar o assunto nem mesmo atingir um aprofundamento elevado, uma vez que isso envolveria a avaliação de restrições computacionais (análise de desempenho, consumo de recursos, ponteiros, alocação de memória etc.) e uma vasta gama de conceitos e técnicas, merecendo atenção especial em uma obra exclusivamente criada para este fim.

LISTAS

É de grande importância neste capítulo que se compreenda muito bem o conceito de listas. Para ilustrar, iniciaremos imaginando uma brincadeira tipicamente utilizada para entrega de presentes a algum aniversariante. Consiste em entregar um cartão (no lugar do presente) no qual se informa que o presente está guardado sob a cama. Lá chegando, o aniversariante percebe que existe uma mensagem dizendo que o presente se encontra na gaveta do armário; ao abri-la, encontra outro papel que o conduz ao fogão, do fogão para debaixo do tapete, daí para a geladeira e desta para sob a mesa, onde o aniversariante finalmente encontraria seu presente.

Ilustrando esta seqüência, teríamos:

FIGURA 7.1 Mapa do presente

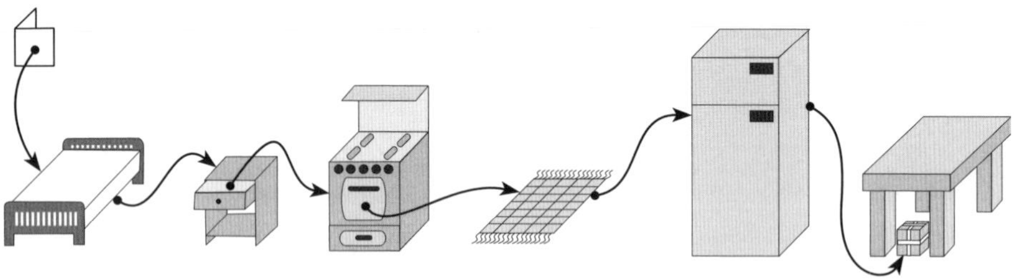

o que pode ser esquematizado da seguinte forma:

cama						
cartão	gaveta	fogão	tapete	geladeira	mesa	presente
	cama	gaveta	fogão	tapete	geladeira	mesa

Devemos notar que:

a) as setas utilizadas na ilustração anterior nada mais são que mero artifício ilustrativo, visto que foi possível representar o mesmo encadeamento lógico sem elas, e que no exemplo real elas não existem;

b) faz-se necessário um ponto de partida (cartão), que não é considerado parte integrante da seqüência, apenas indicador de seu início;

c) cada um dos pontos é composto da localização do próprio ponto e de uma indicação do próximo local. Isso os torna de tal maneira independentes que permite até mesmo uma alteração completa de sua disposição, mantendo intacto o encadeamento lógico de seus componentes.

cama						
cartão	presente	geladeira	gaveta	tapete	mesa	fogão
	mesa	tapete	cama	fogão	geladeira	gaveta

Temos, então, um exemplo daquilo que denominamos lista, ou lista encadeada, que se define por um conjunto de elementos individualizados em que cada um referencia outro elemento distinto como sucessor.

Em outro exemplo, imaginemos a preparação de uma lista de tarefas a serem cumpridas no centro da cidade. Inicialmente, cada atividade é relacionada, conforme vai surgindo na memória, até que se esgotem. Temos, então, o seguinte:

Lista de tarefas	
1.	Pagar as contas no banco
2.	Comprar os livros na livraria
3.	Deixar o carro no estacionamento
4.	Pegar algumas fitas na videolocadora
5.	Enviar correspondências pelo Correio
6.	Buscar as fotos reveladas
7.	Autenticar documentos no Cartório
8.	Passar na banca de jornais

Agora, um pouco de planejamento: é preciso estabelecer uma ordem a ser seguida conforme os mais variados critérios (pré-requisitos, prioridades, proximidade geográfica etc.). Porém, não iremos reescrever a lista, vamos apenas acrescentar uma coluna, como apresentado a seguir:

Lista de tarefas		
	Começo em: 3	
	Item	Próximo
1.	Pagar as contas no banco	6
2.	Comprar os livros na livraria	4
3.	Deixar o carro no estacionamento	8
4.	Pegar algumas fitas na videolocadora	Final
5.	Enviar correspondências pelo Correio	1
6.	Buscar as fotos reveladas	2
7.	Autenticar documentos no Cartório	5
8.	Passar na banca de jornais	7

Temos, então, a mesma linha de antes, só que agora ela está encadeada, porque cada elemento 'aponta para' um sucessor, ou seja, cada elemento indica o próximo da lista como se apontasse para este.

Declaração

Para representar a lista do exemplo, precisamos do seguinte vetor de registros:

```
tipo reg = registro
                caracter: item;
                inteiro: PROX;
            fimregistro;
tipo VET = vetor [1..100] de reg;
VET: lista;
inteiro: começo;

começo ← 3;
```

Usaremos a variável `começo` como referência ao ponto de partida da lista encadeada e o valor 0 (ou outro valor não válido) como final da lista.

Vejamos, então, como fica a disposição dos elementos da lista na estrutura de dados utilizada:

1	Banco	6
2	Livraria	4
3	Estacionamento	8
4	Locadora	0
5	Correio	1
6	Foto	2
7	Cartório	5
8	Banca	7

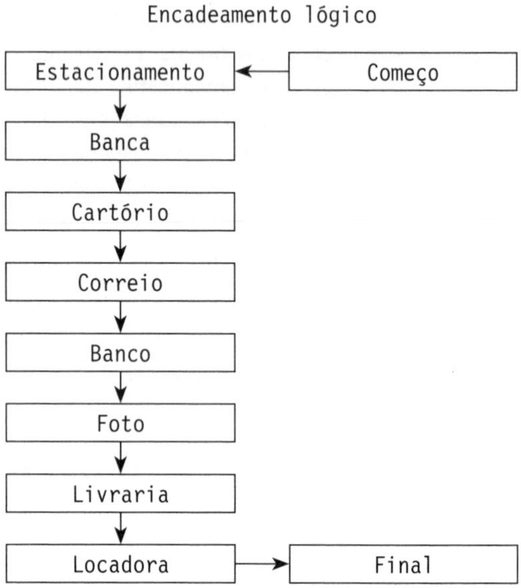

Manipulação

Para utilizar devidamente uma lista, devemos observar alguns pontos relevantes no tratamento das operações mais freqüentes com essa estrutura: inserção e remoção.

Inserção

Qualquer elemento que fosse inserido nesse vetor seria alocado a partir da posição nove, porém, devido à independência dos elementos, poderia estar logicamente encadeado em qualquer lugar da lista: supondo que fosse necessário incluir a farmácia na lista de compras, temos três possibilidades:

a) No meio da lista

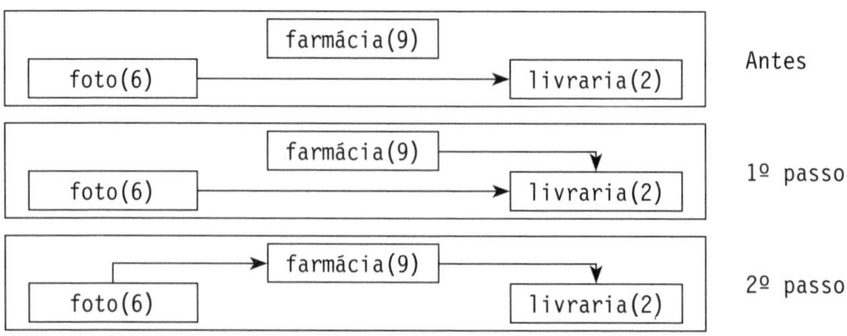

1º passo: `lista[9].prox ← lista[6].prox;`

2º passo: `lista[6].prox ← 9;`

b) No fim da lista

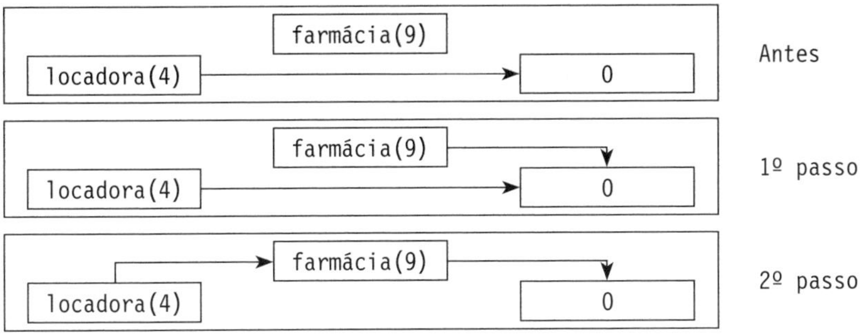

1º passo: `lista[9].prox ← lista[4].prox;`
2º passo: `lista[4].prox ← 9;`

c) No início da lista

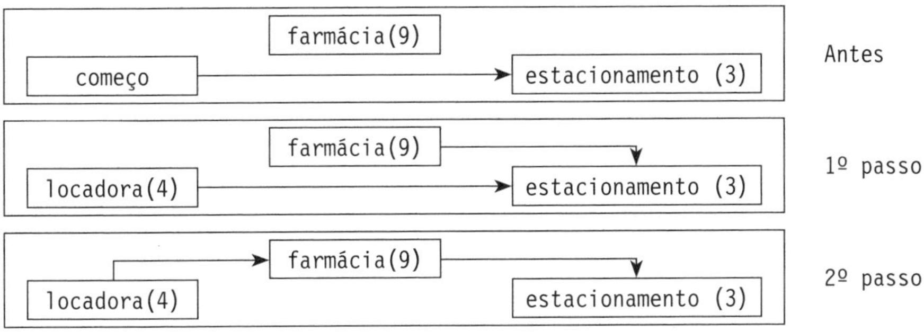

1º passo: `lista[9].prox ← começo;`
2º passo: `começo ← 9.`

Podemos generalizar todos os casos de inserção com o seguinte módulo:

ALGORITMO 7.1 Inserção em uma lista (reduzido)

```
módulo Insere (inteiro: novo, antecessor)
    lista[novo].prox ← antecessor;
    antecessor ← novo;
fimmódulo;
```

Usamos como primeiro parâmetro (`novo`) a posição no vetor do novo elemento a ser inserido na lista, e como segundo parâmetro (`antecessor`) o sucessor do elemento que precederá aquele que será inserido.

Exemplificamos a seguir a chamada do módulo para cada um dos exemplos anteriores.

```
Insere (9, lista[6].prox);   // meio da lista, ex a)
Insere (9, lista[4].prox);   // fim da lista, ex b)
Insere (9, começo);          // início da lista, ex c)
```

O módulo proposto serve ao propósito de generalizar, de forma simplificada, o funcionamento de uma operação de inserção. Ele pode ser aprimorado ao prever algumas consistências e encontrar por si só o próximo elemento vago no vetor de registros para o armazenamento do novo item da lista.

ALGORITMO 7.2 Inserção em uma lista (completo)

```
módulo Existe (inteiro: posição);
   inteiro: i;
   se começo = 0
      então retorne (F);
   fimse;
   i ← começo;
   repita
      se lista[i].prox = posição
         então retorne (V);
      fimse;
      i ← lista[i].prox;
   até i = 0;
   retorne (F);
fimmódulo;

módulo Novo;
   inteiro: novo, i;
   novo ← 0;
   i ← 1;
   repita
      se não Existe (i)
         então novo ← i;
         senão se lista[i].item = " "
                  então novo ← i;
               fimse;
      fimse;
      i ← i + 1;
   até (i > 100) ou (novo > 0);
   retorne (novo);
fimmódulo;

módulo Insere (caracter: info; inteiro: antecessor);
   inteiro: pos;
   se não Existe (antecessor) // consistência do antecessor
      então escreva ("Antecessor não pertence à lista !");
      senão início
               pos ← Novo;
               se pos = 0 // vetor esgotado
                  então escreva ("Não existem mais posições
                                 disponíveis !");
                  senão início
                           lista[pos].item ← info;
```

(Continua)

```
                          se começo = 0 // lista vazia
                            então início
                                   começo ← pos;
                                   lista[pos].prox ← 0;
                                 fim;
                            senão início
                                   lista[pos].prox ← antecessor;
                                   antecessor ← pos;
                                 fim;
                          fimse;
                 fimse;
     fimse;
   fimmódulo;
```

Conforme podemos notar, o módulo `Insere` faz uso de um módulo `Novo`, que tem por objetivo encontrar a primeira posição disponível no vetor (quando houver), e utiliza também o módulo `Existe`, cujo propósito é avaliar se uma dada posição pertence ao encadeamento da lista.

Dessa forma, no módulo `Insere` foi possível: consistir a existência do parâmetro `Antecessor`, a localização e utilização da primeira posição disponível, além de incluir um tratamento especial para o caso de a lista estar vazia.

Assim, o exemplo anterior poderia ser acionado da seguinte forma:

```
Insere ("Farmácia", lista[6].prox);  // meio da lista, ex a)
Insere ("Farmácia", lista[4].prox);  // fim da lista, ex b)
Insere ("Farmácia", começo);         // início da lista, ex c)
```

Remoção

Qualquer elemento que fosse removido seria simplesmente 'desligado' da lista, isto é, nenhum outro elemento da lista o encararia como sucessor, mesmo que continuasse ocupando uma das posições do vetor. Exemplificamos, então, a remoção de um elemento em três situações:

a) No meio da lista: remover Correio

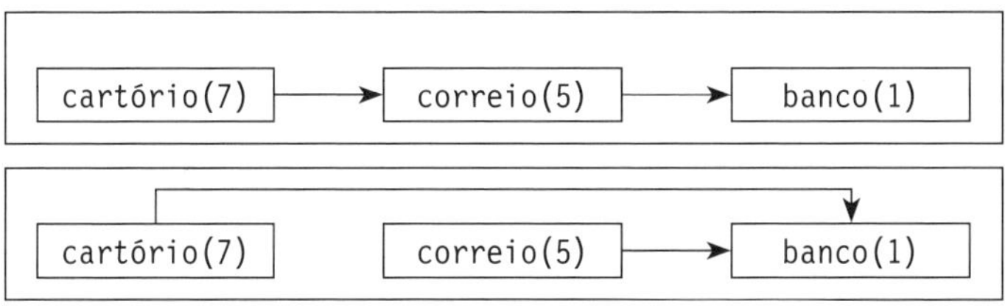

Antes

1º passo

1º passo: `lista[7].prox ← lista[5].prox;`

b) No início da lista: remover Estacionamento

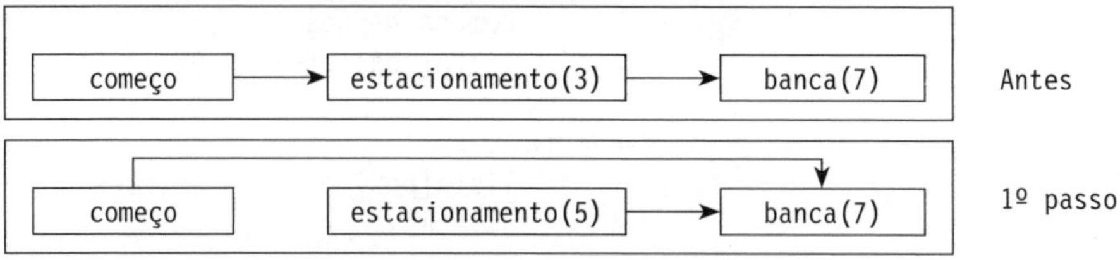

1º passo: `começo ← lista[3].prox;`

c) No fim da lista: remover Locadora

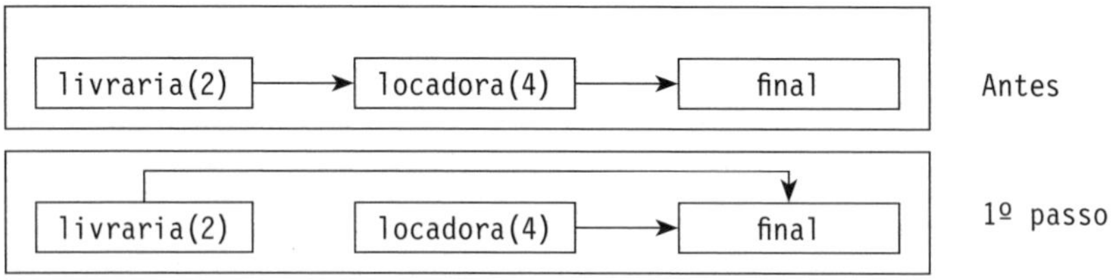

1º passo: `lista[2].prox ← lista[4].prox;`

Podemos generalizar todos os casos de remoção em um único módulo:

ALGORITMO 7.3 Remoção em uma lista (parcial)

```
módulo Remove (inteiro: velho, antecessor)
   antecessor ← lista[velho].prox;
fimmódulo;
```

Exemplo

```
Remove (5, lista[7].prox);   // meio da lista, ex a)
Remove (3, começo);          // início da lista, ex b)
Remove (4, lista[2].prox);   // fim da lista, ex c)
```

Examinando com atenção, poderemos enxergar a beleza da simplicidade do código, que inclusive simplifica a compreensão do que realmente ocorre: o elemento anterior liga-se ao próximo elemento de seu próximo elemento.

Poderemos aperfeiçoar o módulo acrescentando algumas consistências, conforme mostrado a seguir:

ALGORITMO 7.4 Remoção em uma lista (completa)

```
módulo Remove (inteiro: velho, antecessor)
   se começo = 0 // Lista vazia
      então escreva ("A lista está vazia !");
      senão se não Existe (antecessor)
```

(Continua)

```
                  então escreva ("O elemento a ser removido não
                                 pertence à lista !");
                  senão antecessor ← lista[velho].prox;
               fimse;
      fimse;
   fimmódulo;
```

Desta vez o **Algoritmo 7.3** permaneceu intacto, sendo apenas precedido de algumas consistências: Lista vazia e o elemento Antecessor não pertencente à lista para a qual foi utilizado o módulo `Existe` definido no **Algoritmo 7.2**.

Exercício de fixação 1

1.1 Dada uma lista de nomes em ordem alfabética, isto é, um vetor desordenado de nomes, e cujo encadeamento segue a ordem alfabética, construa um algoritmo que, sem alterar o encadeamento alfabético, faça:

a) a impressão da relação de nomes da lista (em ordem alfabética);

b) a inclusão de um novo nome;

c) a localização e a exclusão de um nome fornecido;

d) a alteração de um nome fornecido.

Filas

Filas são estruturas de dados que se comportam como as filas que conhecemos. Na verdade, uma fila nada mais é do que uma lista na qual é aplicada uma disciplina de acesso característica: todo elemento que entra na lista entra no fim desta e todo elemento que sai da lista sai do início dela, exatamente como uma fila real; daí utilizar a denominação fila para essa lista. Essa disciplina de acesso também é conhecida como PEPS – primeiro que entra, primeiro que sai (FIFO – *First In, First Out*), ou seja, qualquer elemento que tenha entrado em uma fila sai da mesma antes de qualquer outro que tenha entrado depois dele. Portanto, fila é uma lista em que as inserções são feitas no final e as remoções são feitas no início, e cuja finalidade principal é registrar a ordem de chegada de seus componentes.

Declaração

Utilizaremos um exemplo de fila bancária. Para tal, aplicaremos as seguintes definições:

```
tipo reg = registro
               caracter: nome;
               inteiro: prox;
           fimregistro;
tipo VET = vetor [1..100] de reg;
VET: fila;
inteiro: começo, final;
```

(Continua)

```
começo ← 3;
final ← 1.
```

Vejamos, então, como fica a disposição dos elementos da lista ao longo da estrutura de dados utilizada:

José	0	João	4	Ciclano	2	Beltrano	1
1		2		3		4	

o que vem representar o seguinte encadeamento lógico:

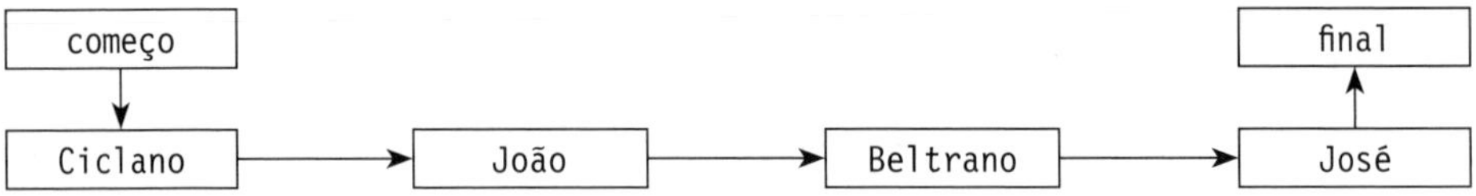

Manipulação

Para utilizar devidamente uma fila, devemos observar alguns pontos relevantes no tratamento das operações mais freqüentes com essa estrutura: inserção e remoção.

Inserção

De acordo com a definição de fila, todas as inserções são feitas no final, o que pode ser realizado com o auxílio de uma variável que indica a posição do último da fila.

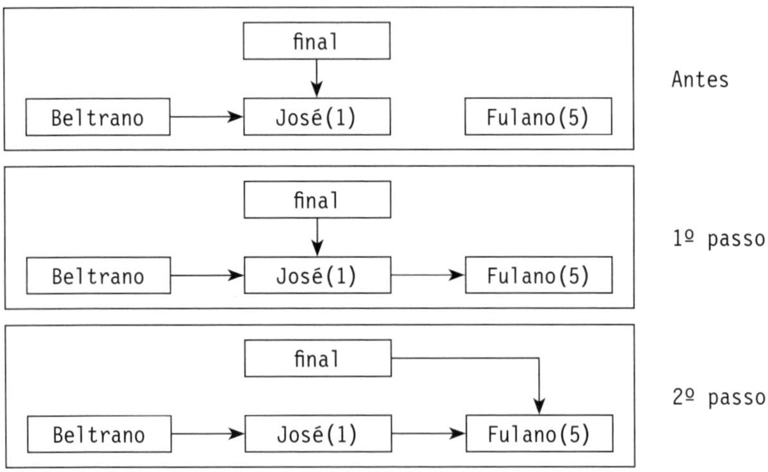

1º passo: `fila[1].prox ← 5;`
2º passo: `final ← 5;`

Para criar um módulo de inserção em uma fila, precisamos apenas identificar qual é o elemento a ser inserido.

ALGORITMO 7.5 Inclusão em uma fila

```
módulo Entra (caracter: nome)
   inteiro: pos;
   pos ← Novo; // Utilizando o módulo Novo
   se pos = 0 // vetor esgotado
      então escreva ("Não existem mais posições disponíveis !")
      senão início
               fila[pos].nome ← nome;
               fila[pos].prox ← 0;
               se final = 0 // Fila vazia
                  então início
                           começo ← pos;
                           final ← pos;
                        fim;
                  senão início
                           fila[final].prox ← pos;
                           final ← pos;
                        fim;
               fimse;
   fimse;
fimmódulo;
```

Exemplo

```
Entra ("Fulano");
Entra ("Ondamar");
```

Devemos notar que foi utilizado novamente o módulo Novo, definido no **Algoritmo 7.2**. Notemos também que, no caso da fila vazia, a inserção é ligeiramente diferente: por não haver elementos na lista, não é necessário ajustar o encadeamento, assim como as variáveis começo e final ainda não indicam nenhuma posição, e quando é inserido o primeiro elemento ambas passam a indicar o mesmo local.

Remoção

De maneira similar à inserção, todas as remoções são feitas no começo da fila.

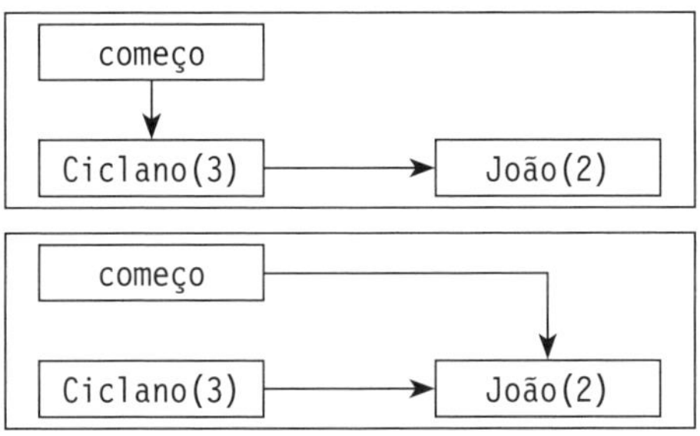

Antes

1º passo

1º passo: começo ← fila[3].prox

Podemos generalizar a remoção de qualquer elemento da fila através de um módulo com contexto de ação.

ALGORITMO 7.6 Remoção em uma fila

```
módulo Sai;
   se começo = 0 // Fila vazia
      então escreva ("A fila está vazia !");
      senão início
               começo ← fila[começo].prox;
               se começo = 0 // Último elemento
                  então final ← 0;
               fimse;
            fim;
   fimse;
fimmódulo;
```

Notemos que não é possível remover elementos em uma fila vazia e também que, quando o último elemento da fila é removido, a variável `final` também deve ser atualizada.

Pilhas

Assim como as filas, as pilhas são uma lista na qual é aplicada uma disciplina de acesso antagônica denominada UEPS, último que entra, primeiro que sai (LIFO: *Last In, First Out*), ou seja, qualquer elemento que entrar na pilha somente sairá quando todos os que entraram depois dele saíram. Portanto, pilha é uma lista na qual todas as inserções e remoções são feitas no final e possui a finalidade principal de tornar disponíveis primeiro os elementos mais recentes.

Declaração

Como exemplo de aplicação de uma pilha, imaginemos um indivíduo de memória fraca que vive esquecendo seus objetos por onde passa, esquecendo inclusive por onde passou. A fim de tentar refazer o percurso na esperança de encontrar seus pertences, poderíamos usar a seguinte pilha:

```
tipo reg = registro
               caracter: local;
               inteiro: prox;
           fimregistro;
tipo VET = vetor [1..100] de reg;
VET: pilha;
inteiro: topo;
topo ← 2;
```

A pilha representada no vetor ficaria assim esquematizada:

museu | 3	cinema | 4	bosque | 0	praça | 1
1	2	3	4

E a estrutura pilha

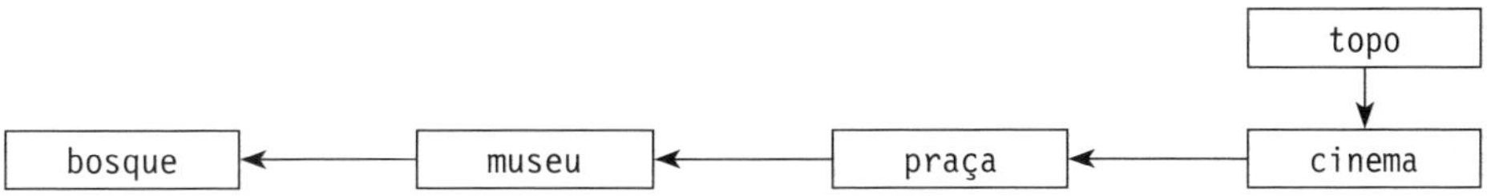

Manipulação

Inserção

De acordo com a definição de pilha, todas as inserções, também denominadas empilhamentos, são feitas no final. Isso ocorre com o auxílio de uma variável que indica a posição do topo da pilha.

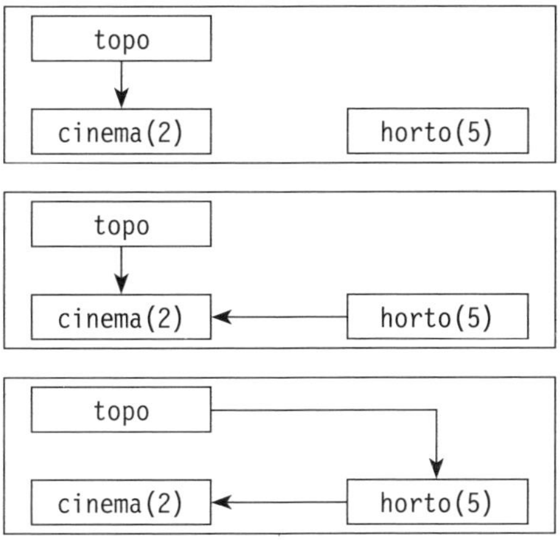

Antes

1º passo

2º passo

1º passo: `pilha[5].prox ← 2;`
2º passo: `topo ← 5;`

Para criar um módulo de inserção em uma pilha, precisamos apenas identificar qual é o elemento a ser inserido.

ALGORITMO 7.7 Inserção em uma pilha

```
módulo Empilha (caracter: local)
   inteiro: pos;
   pos ← Novo; // Utilizando o módulo Novo
   se pos = 0 // Vetor esgotado
      então escreva ("Não existem mais posições disponíveis !");
      senão início
               pilha[pos].local ← local;
               pilha[pos].prox ← 0;
               se topo = 0 // Pilha vazia
```

(Continua)

```
                  então topo ← pos;
                  senão início
                        pilha[topo].prox ← pos;
                        topo ← pos;
                     fim;
               fimse;
   fimse;
fimmódulo;
```

Exemplo

```
Empilha ("Horto");
Empilha ("Teatro");
```

Podemos perceber que foi utilizado novamente o módulo Novo, definido no **Algoritmo 7.2**. Percebemos também que, no caso de pilha vazia, não é necessário ajustar o encadeamento.

Remoção

De maneira similar à inserção, todas as remoções, também denominadas desempilhamentos, são feitas no topo da pilha.

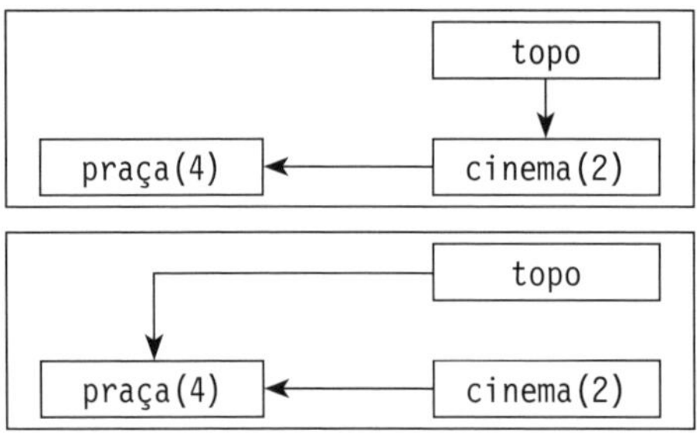

Antes

1º passo

1º passo: `topo ← pilha[2].prox;`

Para retirar um elemento da pilha, podemos utilizar um módulo com contexto de ação, sem utilizar nenhum parâmetro:

ALGORITMO 7.8 Remoção em uma pilha

```
módulo Desempilha
   se topo = 0 // Pilha vazia
      então escreva ("A pilha está vazia !");
      senão topo ← pilha[topo].prox;
   fimse;
fimmódulo;
```

Notemos que não é possível desempilhar elementos em uma pilha vazia.

Árvores

É uma lista na qual cada elemento possui dois ou mais sucessores, porém todos os elementos possuem apenas um antecessor, como ilustra a **Figura 7.2**:

FIGURA 7.2 Exemplo de árvore

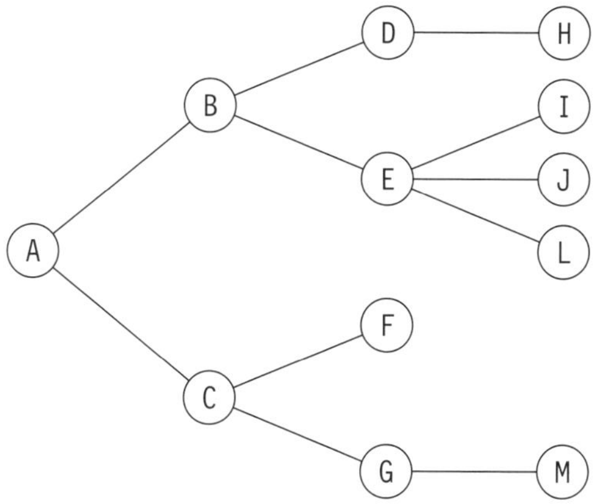

A terminologia utilizada para discutir árvores é um clássico caso de metáforas misturando vegetais com árvores genealógicas e alguns termos específicos. O primeiro elemento, que dá origem aos demais, é chamado de raiz da árvore; qualquer elemento é chamado de nó; a quantidade de níveis a partir do nó-raiz até o nó mais distante é dita altura da árvore; assim como o número máximo de ramificações a partir de um nó é denominado grau. Em uma estrutura de árvore, os sucessores de um determinado nó são chamados de filhos ou descendentes; o único antecessor de um dado elemento é chamado de pai ou ancestral; e cada elemento final (sem descendentes) é conhecido como folha. Assim, no exemplo anterior, F e G são descendentes (filhos) de C, assim como G é o ancestral (pai) de M. A árvore possui raiz em A, altura 4, grau 3 e folhas F, H, I, J, L e M.

Declaração

O vetor de registros que foi utilizado sem problemas até aqui precisará sofrer modificações, visto que cada elemento da árvore pode possuir diversos sucessores. Utilizaremos, portanto, a seguinte estrutura:

```
tipo vetFilho = vetor [1..4] de inteiros;
tipo nó = registro
              caracter: info;
              vetFilho: filho;
          fimregistro;
tipo VET = vetor [1..1000] de nó;
VET: árvore;
```

Lembramos que o vetor de sucessores (filhos) deve sempre ser inicializado com zero e que, quando um filho vale zero, isso significa que não possui descendentes. Ressaltamos, também, que uma árvore se apresenta sob o formato linear em seu vetor:

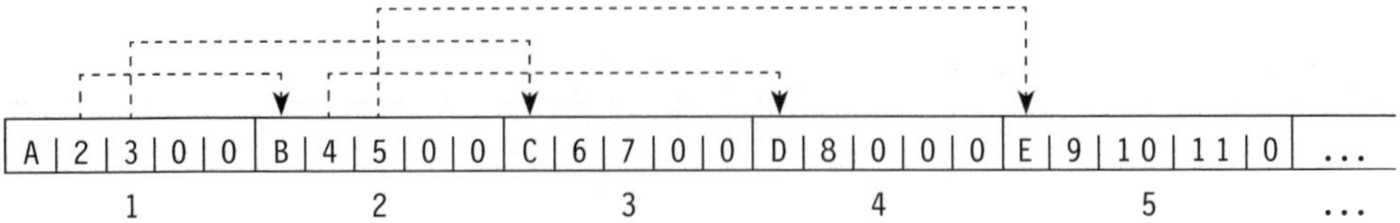

Mas, para facilitar a visualização, ilustraremos as árvores como na **Figura 7.3**:

FIGURA 7.3 Representação convencionada de árvore

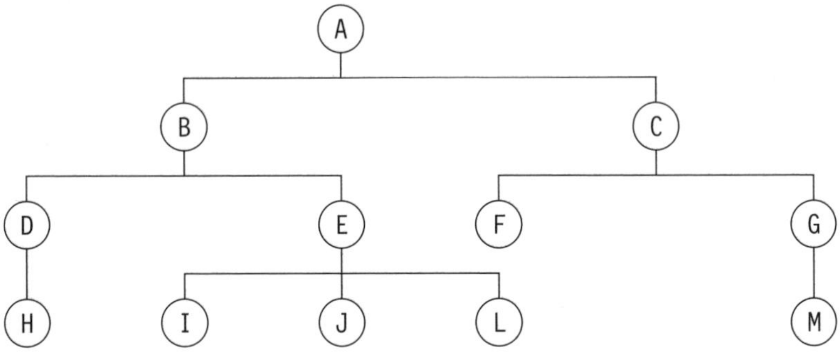

Existem ainda outras formas de representação para essa estrutura de dados, tal como a usada na **Figura 7.4**.

FIGURA 7.4 Outra representação de árvores

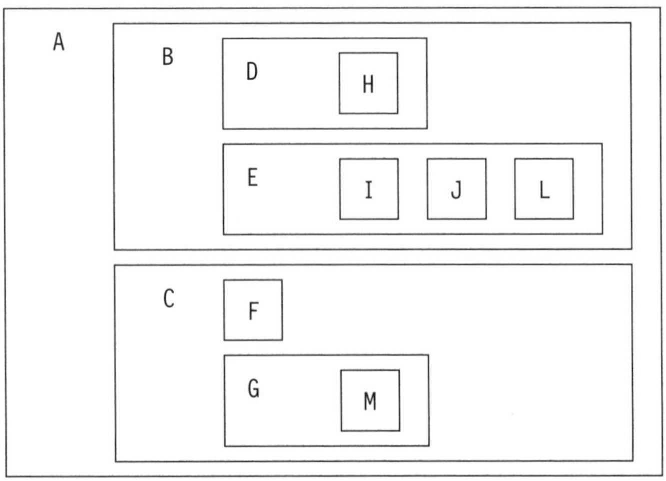

Manipulação

Imaginemos um labirinto composto de várias cavernas e túneis que as interligam. Em cada caverna existe um baú, porém apenas uma delas contém um baú repleto de moedas de ouro; as outras possuem baús vazios.

FIGURA 7.5 Mapa do labirinto

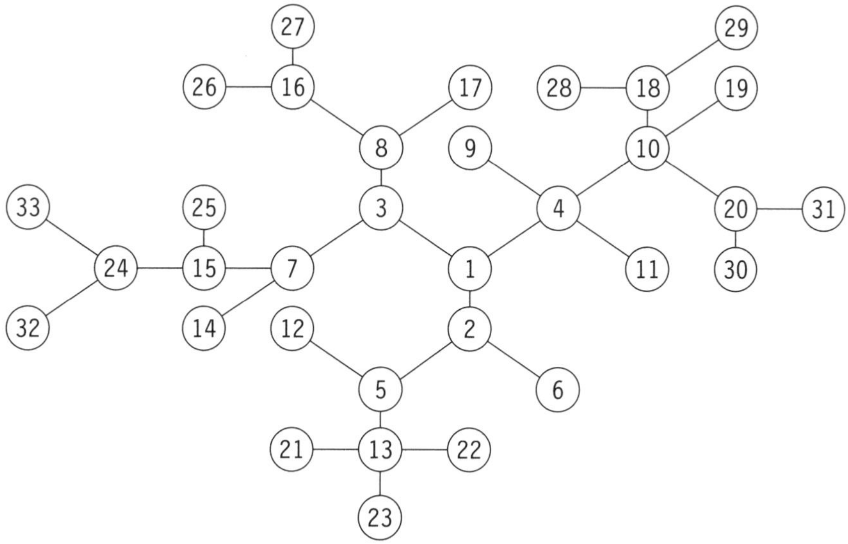

Se prestarmos atenção, poderemos perceber que esse labirinto possui a estrutura de uma árvore, como mostra a **Figura 7.6**:

FIGURA 7.6 Labirinto em árvore

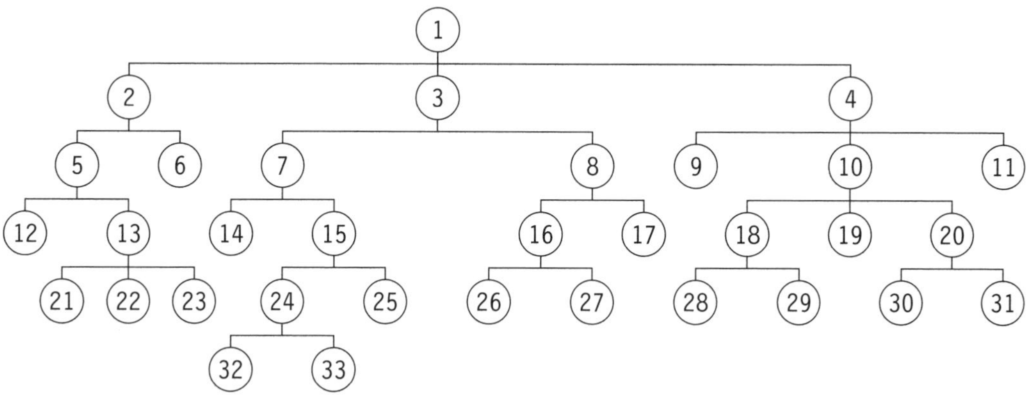

Para entrar na 'caça ao tesouro', precisamos percorrer todos os túneis e cavernas e verificar o conteúdo dos baús até encontrar aquele que contém as moedas de ouro, sem porém nos perdermos no labirinto.

Não podemos utilizar um novelo de lã, porém podemos usar uma pilha, que cumpre exatamente o mesmo objetivo, ou seja, permite registrar a ordem em que as cavernas serão visitadas.

Explicando melhor, entraríamos sempre na caverna (nó) indicada no topo da pilha, desempilhando-a e empilhando as cavernas subseqüentes (filhos). Repetindo esse processo, percorremos todas as cavernas (nós) do labirinto (árvore), como ilustramos a seguir.

A esse procedimento é dado o nome de **Busca em Profundidade**, porque se vasculham (visitam) todos os nós de um ramo até atingir os nós terminais (folhas), repetindo o processo em todos os ramos.

Nós visitados	Ações
	Empilha(1);
1	Desempilha; Empilha (4,3,2);
2 3 4	Desempilha; Empilha (6,5);
5 6 3 4	Desempilha; Empilha (13,12);
12 13 6 3 4	Desempilha;
13 6 3 4	Desempilha; Empilha (23,22,21);
21 22 23 6 3 4	Desempilha;
22 23 6 3 4	Desempilha;
23 6 3 4	Desempilha;
6 3 4	Desempilha;
3 4	Desempilha; Empilha (8,7);
7 8 4	Desempilha; Empilha (15,14);
14 15 8 4	Desempilha;
⋮	

FIGURA 7.7 Busca em profundidade

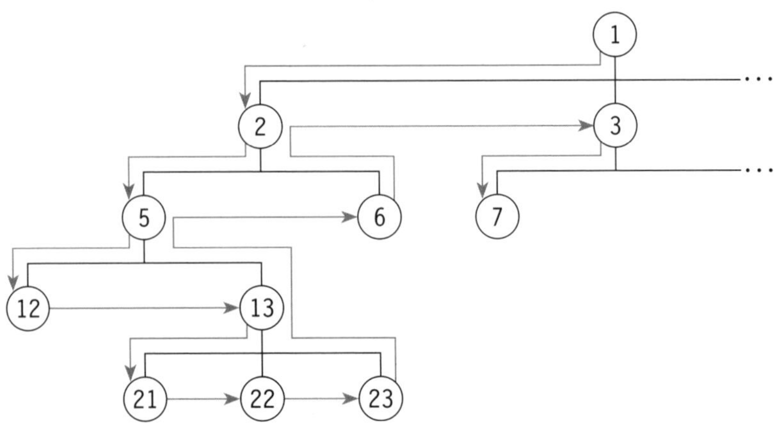

Logo a seguir descrevemos o algoritmo capaz de percorrer o labirinto (árvore) e descobrir a localização do baú com o tesouro, caso exista.

ALGORITMO 7.9 Busca em profundidade na árvore

```
início
   tipo vetFilho = vetor [1..4] de inteiro;
   tipo rNó = registro
                 caracter: info;
                 vetFilho: filho;
              fimregistro;
   tipo VET = vetor [1..1000] de rNó;
   VET: árvore;
   tipo reg = registro
                 caracter: local;
                 inteiro: prox;
              fimregistro;
   tipo VTP = vetor [1..100] de reg;
   VTP: pilha;

   inteiro: nó, topo, i;

   topo ← 0;
   nó ← 1;
   enquanto árvore[nó].info <> "moedas" faça
      para i de 4 até 1 passo -1 faça
         se árvore[nó].filho[i] <> 0
            então Empilha(árvore[nó].filho[i]); // Utilizando Empilha
         fimse;
      fimpara;
      nó ← pilha[topo].local;
      desempilha;
   fimenquanto;
   se árvore[nó].info = "moedas"
      então escreva ("O tesouro está na caverna", nó);
      senão escreva ("Tesouro não encontrado");
   fimse;
fim.
```

Observemos que o algoritmo utiliza os módulos `Empilha` e `Desempilha` definidos nos **algoritmos 7.7** e **7.8**, respectivamente.

Poderíamos percorrer a árvore de outra maneira, ou seja, visitando todos os filhos de mesmo nível dos diversos ramos, como ilustra a **Figura 7.8**.

FIGURA 7.8 Busca em amplitude

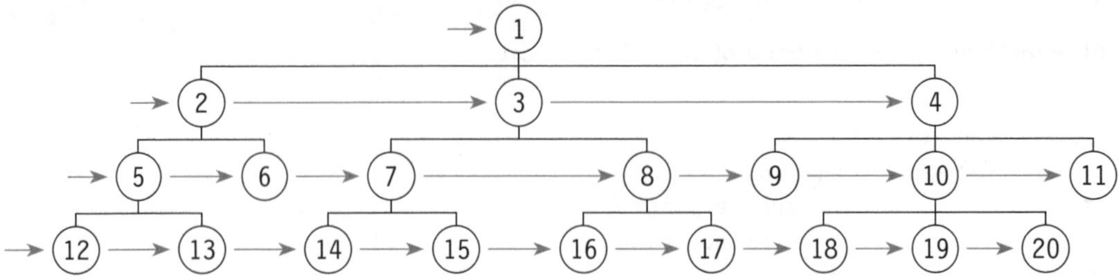

A esta estratégia dá-se o nome de **Busca em Amplitude**, que pode ser facilmente implementada se, em vez de utilizarmos uma pilha para registrar os próximos nós a serem visitados, usarmos uma fila, visitando primeiro o elemento que é retirado da fila e enfileirando seus filhos no final da mesma.

Nós visitados	Ações
	Entra (1);
1	Sai; Entra (2,3,4);
2 3 4	Sai; Entra (5,6);
3 4 5 6	Sai; Entra (7,8);
4 5 6 7 8	Sai, Entra (9,10,11);
5 6 7 8 9 10 11	Sai, Entra (12,13);
6 7 8 9 10 11 12 13	Sai;
7 8 9 10 11 12 13	Sai; Entra (14,15);
8 9 10 11 12 13 14 15	Sai; Entra (16,17);
9 10 11 12 13 14 15 16 17	Sai;
10 11 12 13 14 15 16 17	Sai; Entra (18,19,20);
⋮	
⋮	

Descrevemos a seguir o algoritmo que, utilizando a busca em amplitude, descobre a localização do baú com o tesouro, caso exista.

ALGORITMO 7.10 Busca em amplitude na árvore

```
início
   tipo vetFilho = vetor [1..4] de inteiro;
   tipo rNó = registro
                  caracter: info;
                  vetFilho: filho;
              fimregistro;
   tipo VET = vetor [1..1000] de rNó;
   VET: árvore;
```

(Continua)

```
    tipo reg = registro
                    caracter: local;
                    inteiro: prox;
               fimregistro;
    tipo VTP = vetor [1..100] de reg;
    VTP: fila;

    inteiro: nó, começo, final, i;

    começo ← 0;
    final ← 0;
    nó ← 1;
    enquanto árvore[nó].info <> "moedas" faça
       para i de 1 até 4 faça
            se árvore[nó].filho[i] <> 0
               então Entra(árvore[nó].filho[i]); // Utilizando Entra
            fimse;
       fimpara;
       nó ← Fila[começo].local;
       sai;
    fimenquanto;
    se árvore[nó].info = "moedas"
       então escreva ("O tesouro está na caverna", nó);
       senão escreva ("Tesouro não encontrado");
    fimse;
fim.
```

Observemos que o algoritmo utiliza os módulos Entra e Sai, definidos nos **algoritmos 7.5** e **7.6**, respectivamente.

Ao desenvolver o estudo de árvores, abordamos apenas alguns entre os muitos métodos de busca, assim como não nos preocupamos em especificar técnicas de inserção e remoção, pois estas dependem da concepção da estrutura (grau, ordenação, balanceamento etc.).

Outras estruturas

Vimos que pilhas e filas são disciplinas de acesso a uma lista convencional. Também pudemos aprender que uma árvore é um caso particular de lista. Entretanto, existem outras variações de listas, cada qual com suas técnicas de manipulação específicas.

Listas duplamente encadeadas

São listas que, além de cada elemento indicar o elemento seguinte, também indicam aquele que o antecede, ou melhor, cada elemento é ligado a seu sucessor e a seu predecessor, possibilitando um trajeto no sentido começo-final ou no sentido oposto (final-começo).

FIGURA 7.9 Lista duplamente encadeada

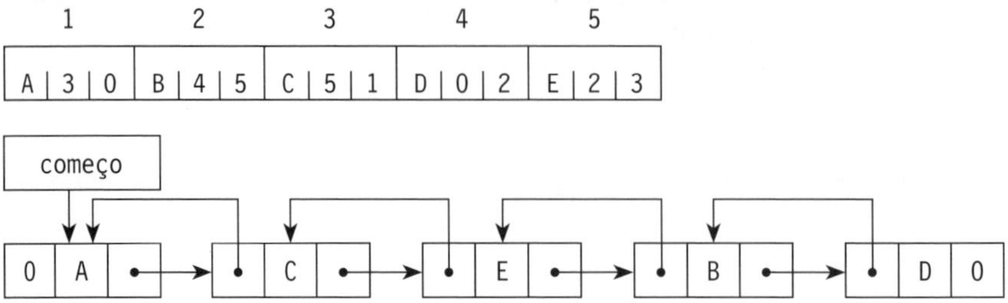

Essa estrutura pode ser aplicada às disciplinas de acesso já citadas, como uma fila (FIFO) ou uma pilha (LIFO).

Listas circulares

São listas que possuem a característica especial de ter, como sucessor do fim da lista, seu início, ou melhor, o fim da lista 'aponta' para seu início, formando um círculo que permite uma trajetória contínua na lista.

A essa estrutura podem ser aplicadas as disciplinas de acesso já citadas, como uma fila (FIFO) ou uma pilha (LIFO).

FIGURA 7.10 Lista duplamente encadeada

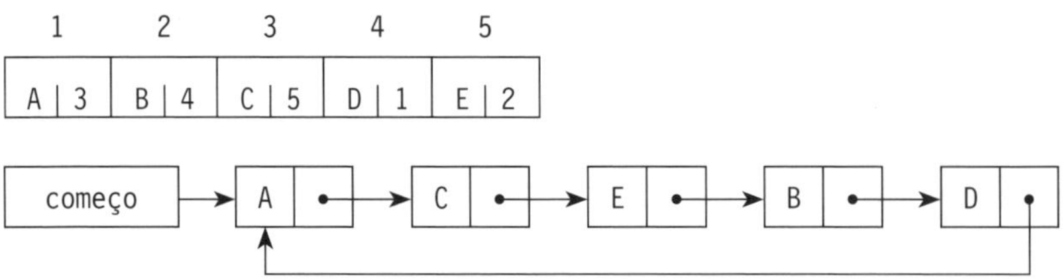

Grafos

Chamamos genericamente de grafo, apesar de possuir diversas classificações, toda estrutura na qual cada elemento pode ter vários antecessores, além de possuir diversos sucessores. Utilizando a analogia do labirinto usado em árvores, poderíamos ter um labirinto no qual vários caminhos diferentes chegassem ao mesmo lugar.

FIGURA 7.11 Grafo

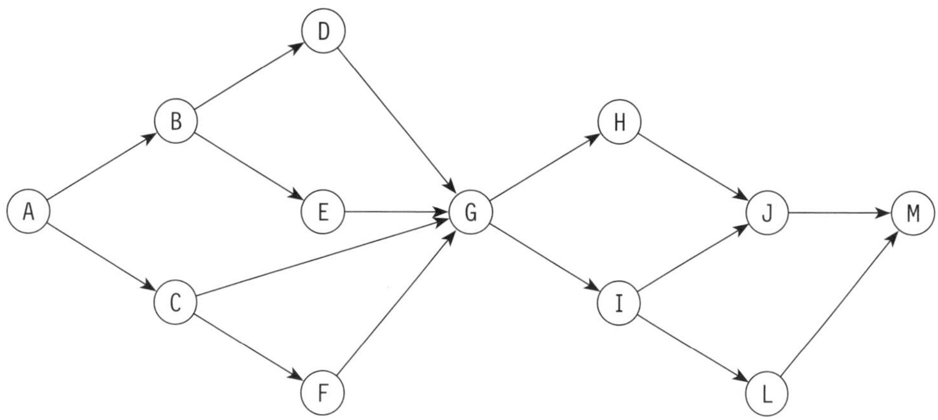

EXERCÍCIOS PROPOSTOS

1. Dada uma fila qualquer contendo os valores 3, 9, 5, 1 (3 é o começo e 1 o final), descreva qual o resultado após as seguintes operações : Entra(2); Sai; Sai. Sai; Entra(7); Sai; Sai; Entra(4); Sai; Sai; Entra(8); Entra(6); Sai;

2. Dada uma pilha qualquer contendo os valores 3, 9, 5, 1 (3 é o topo), descreva qual o resultado após as seguintes operações : Empilha(2); Desempilha; Desempilha; Desempilha; Empilha(7); Desempilha; Desempilha; Empilha(4); Desempilha; Desempilha; Empilha(8); Empilha(6); Desempilha;

3. Será que a seqüência de parênteses "(()(((()())((()))))()))" é válida? Construa um algoritmo que possibilite a verificação de balanceamento dessa ou qualquer outra seqüência de parênteses. Faça isso usando uma pilha, empilhando cada "(" e desempilhando cada ")". A seqüência será válida se não sobrar parênteses na pilha ao final, e se não faltar parênteses durante.

4. Adapte o algoritmo 7.2 de tal forma que permita que as inserções na fila mantenham sempre a ordem alfabética de seus elementos. Teremos então uma lista ordenada.

5. Refaça os algoritmos 7.2 e 7.4 (listas simples), utilizando uma lista duplamente encadeada.

6. Refaça os algoritmos 7.2 e 7.4 (listas simples), utilizando uma lista circular.

7. Refaça os algoritmos 7.5 e 7.6 (filas), utilizando uma lista duplamente encadeada.

8. Refaça os algoritmos 7.5 e 7.6 (filas), utilizando uma lista circular.

9. Refaça os algoritmos 7.7 e 7.8 (pilhas), utilizando uma lista duplamente encadeada.

10. Refaça os algoritmos 7.7 e 7.8 (pilhas), utilizando uma lista circular.

11. Imagine um colecionador de vinhos que compra vinhos recentes e guarda-os em uma adega para envelhecerem, e que a cada ocasião especial abre sempre sua última aquisição (para poupar os mais antigos).

Construa um algoritmo que:

a) permita incluir novos vinhos na adega;

b) informe qual vinho deve ser aberto em uma ocasião especial;

c) relacione as cinco aquisições mais antigas.

Sendo que as informações básicas que o registro deve conter, relacionadas exclusivamente aos vinhos, são:

```
Produto: ______________________________________________
Casta: ______________________________  Safra: _________
```

12. Dado um vetor de nomes diversos que contém duas listas – uma para os nomes de mulheres e outra para os nomes de homens –, construa um algoritmo que faça o seguinte:

a) A inclusão de um nome de homem, fornecido pelo usuário.

b) A inclusão e a exclusão de um nome de homem, fornecido pelo usuário.

c) A inclusão de um nome qualquer, sendo que o usuário fornece o nome e seu respectivo sexo.

d) A localização e a exclusão de um nome qualquer, sendo que o usuário fornece o nome e seu respectivo sexo.

e) A localização e a alteração de um nome qualquer, sendo que o usuário fornece o nome, o respectivo sexo e, se localizado, o novo nome e o novo sexo deste.

13. Construa um algoritmo que administre as filas de reservas de filmes em uma videolocadora, sendo que para cada filme existem sete filas – uma para cada dia da semana – e é o usuário quem determina qual é o dia da semana de sua preferência para alugar um filme. O algoritmo deve permitir inclusões nas filas em qualquer ocasião e remoções das mesmas apenas nos respectivos dias – quando o cliente é comunicado por telefone da disponibilidade do filme e quando é confirmada sua locação ele deve sair da fila para que o próximo possa ser acionado. Considere, nesse exercício, a existência de apenas uma fita de cada título.

RESUMO

Listas são conjuntos de dados agrupados em uma seqüência, em que cada elemento indica seu sucessor, e que pode sofrer inserções e remoções. Estas, por sua vez, podem ser efetuadas segundo duas estratégias distintas: **Fila** e **Pilha**.

A Fila é uma disciplina de acesso sobre uma lista que determina que todo elemento que entra na Fila sai dela antes de qualquer outro que tenha entrado depois (Primeiro que Entra, Primeiro que Sai).

A Pilha é uma disciplina de acesso sobre uma lista que determina que todo elemento que entra na Pilha sai dela depois de qualquer outro que tenha entrado em seguida (Último que Entra, Primeiro que Sai).

Há também outras derivações de uma lista, tais como: **a árvore** (que possui mais de um sucessor), a **lista duplamente encadeada** (que além de indicar seu sucessor indica também seu antecessor), a **lista circular** (em que o último elemento tem o primeiro elemento como seu sucessor) e o **grafo** (que possui mais de um sucessor e mais de um antecessor).

Resolução dos Exercícios de Fixação

Anexo

Capítulo 1

Exercício 1.1 (página 12)

Se a senhora com o vestido violeta respondeu a dona Rosa, então ela não é a própria dona Rosa. Além disso, como ela não tem o vestido da mesma cor de seu nome, ela também não é a dona Violeta. Logo, é dona Branca que está com o vestido violeta. Dona Rosa não está usando o vestido rosa nem o violeta, portanto só pode estar usando o branco. Conseqüentemente, dona Violeta veste o vestido rosa.

Exercício 1.2 (página 12)

- levar o bode para o outro lado do rio;
- voltar sem carga nenhuma;
- levar o lobo para o outro lado do rio;
- voltar com o bode;
- levar a alfafa para o outro lado do rio;
- voltar sem carga nenhuma;
- levar o bode para o outro lado do rio.

Exercício 1.3 (página 12)

- mover o disco 1 da torre A para a torre B;
- mover o disco 2 da torre A para a torre C;
- mover o disco 1 da torre B para a torre C;

- mover o disco 3 da torre A para a torre B;
- mover o disco 1 da torre C para a torre A;
- mover o disco 2 da torre C para a torre B;
- mover o disco 1 da torre A para a torre B.

Exercício 1.4 (página 12)

- atravessar um jesuíta e um canibal para a margem B;
- voltar o jesuíta para a margem A;
- atravessar dois canibais para a margem B;
- voltar um canibal para a margem A;
- atravessar dois jesuítas para a margem B;
- voltar um jesuíta e um canibal para a margem A;
- atravessar dois jesuítas para a margem B;
- voltar um canibal para a margem A;
- atravessar dois canibais para a margem B;
- voltar um canibal para a margem A;
- atravessar dois canibais para a margem B.

Capítulo 2

Exercício 1.1 (página 15)

a) "*Pare!*" (caracter) e 2 (inteiro);
b) 5 (inteiro) e boa (lógico);
c) 3,5 (real) e garota (lógico);
d) "*Preserve o meio ambiente*" (caracter) e 100,59 (real);
e) 18 (inteiro), 57,3 (real) e 100 (inteiro).

Exercício 2.1 (página 18)

Válidos: *b, g, h, m, n, o.*

Exercício 2.2 (página 18)

```
real: NB;
caracter: NA;
inteiro: NMAt;
lógico: SX;
```

Exercício 2.3 (página 18)

O identificador `R$` é inválido. A variável `C` está declarada duas vezes.

Exercício 3.1 (página 20)

a) 9 b) 1 c) 34 d) –54 e) 67 f) –7

Exercício 4.1 (página 25)

a)
```
B = A * C e (L ou V)
7 = 2 * 3,5 e (F ou V)
7 = 2 * 3,5 e V
7 = 7 e V
V e V
V
```

b)
```
B > A ou B = pot(A,A)
7 > 2 ou 7 = pot(2,2)
V ou 7 = 4
V ou F
V
```

c)
```
L e B div A >= C ou não A <= C
F e 7 div 2 >= 3,5 ou não 2 <= 3,5
F e 3 >= 3,5 ou não 2 <= 3,5
F e F ou não V
F e F ou F
F ou F
F
```

d)
```
não L ou V e rad (A + B) >= C
não F ou V e rad (2 + 7) >= 3,5
não F ou V e 3 >= 3,5
não F ou V e F
V ou V e F
V ou F
V
```

e)
```
B/A = C     ou   B/A <> C
7/2 = 3,5   ou   7/2 <> 3,5
3,5 = 3,5   ou   3,5 <> 3,5
V           ou   F
V
```

f)
```
L ou pot (B,A) <= C * 10 + A * B
F ou pot (7,2) <= 3,5 * 10 + 2 * 7
F ou 49 <= 35 + 14
F ou 49 <= 49
F ou V
V
```

Exercício 5.1 (página 26)

`A ← B = C;` *// Correto. O resultado lógico da igualdade será atribuído.*

`D ← B;` *// Errado. Variável inteira não pode receber um valor potencialmente fracionário.*

`C + 1 ← B + C;` *// Errado. No lado esquerdo da atribuição pode haver apenas o identificador.*

`C e B ← 3.5;` *// Errado. No lado esquerdo da atribuição pode haver apenas o identificador.*

`B ← pot(6,2)/3 <= rad(9) * 4;` *// Errado. Variável real não pode receber um valor lógico.*

Capítulo 3

Exercício 1.1 (página 33)

```
início
    // declaração de variáveis
    real: A, B, C, // coeficientes da equação
          D, // delta
          X1, X2; // raízes

    // entrada de dados
    leia (A,B,C);

    // processamento de dados
    D ← pot (B,2) - 4*A*C;
    X1 ← (-B + rad(D))/(2*A);
    X2 ← (-B - rad(D))/(2*A);

    // saída de dados
    escreva ("Primeira raiz = ",X1);
    escreva ("Segunda raiz = ",X2);
fim.
```

Exercício 1.2 (página 33)

```
início

    // declaração de variáveis
    real: D; // dist ncia calculada
    inteiro: X1, X2, Y1, Y2; // pontos

    // entrada de dados
    leia (X1, Y1, X2, Y2); // valores dos pontos

    // processamento de dados
    D ← rad (pot(X2-X1,2) + pot(Y2-Y1,2));

    // saída de dados
    escreva ("Distância = ",D);
fim.
```

Exercício 1.3 (página 33)

```
início
    // declaração de variáveis
    real: R, // raio
          V; // volume
    // entrada de dados
    leia (R);
    // processamento de dados
```

(Continua)

```
   V ← 4/3 * 3,1416 * pot (R, 3);
   // saída de dados
   escreva ("Volume = ", V);
fim.
```

Exercício 2.1 (página 45)

a) C1, C6
b) C3, C4, C5, C6
c) C2, C5, C6
d) A = falsidade, B = falsidade e C não importa.
e) Não existe uma combinação para que somente C6 seja executado.

Exercício 2.2 (página 46)

```
início
   inteiro: A, B, C; // valores de entrada
   leia (A,B,C);
   se (A=B) ou (B=C)
      então
         escreva ("Números iguais");
      senão
         início
            se (A>B) e (A>C) // A é o maior
               então
                  se (B>C)
                     então escreva (A,B,C);
                     senão escreva (A,C,B);
                  fimse;
            fimse;
            se (B>A) e (B>C) // B é o maior
               então
                  se (A>C)
                     então escreva (B,A,C);
                     senão escreva (B,C,A);
                  fimse;
            fimse;
            se (C>A) e (C>B) // C é o maior
               então
                  se (A>B)
                     então escreva (C,A,B);
                     senão escreva (C,B,A);
                  fimse;
            fimse;
         fim;
   fimse;
fim.
```

Exercício 2.3 (página 46)

```
início
   real: A, B, C, // coeficientes da equação
         D, // delta
         X1, X2; // raízes
   leia (A,B,C);
   D ← pot (B,2) - 4*A*C;
   se (D>0) // duas raízes reais
      então
         início
            X1 ← (-B + rad(D))/(2*A);
            X2 ← (-B - rad(D))/(2*A);
            escreva ("Primeira raiz = ",X1,"e Segunda raiz = ",X2);
         fim;
      senão
         se (D = 0) // uma única raiz real
            então
               início
                  X1 ← -B/(2*A);
                  escreva ("Raiz = ", X1);
               fim;
            senão
               escreva ("As raízes são imaginárias");
         fimse;
   fimse;
fim.
```

Exercício 2.4 (página 46)

```
início
   real: H, // altura
         P; // peso
   caracter: S; // sexo
   leia (H, S);
   se (S = "M")
      então P ← (72,7 * H) - 58;
      senão P ← (62,1 * H) - 44,7;
   fimse;
   escreva ("Peso ideal = ", P);
fim.
```

Exercício 2.5 (página 46)

```
início
   inteiro: A, // ano de nascimento
            I, // idade a ser calculada
            Ano; // ano corrente
   leia (A, Ano);
   I ← Ano - A; // idade que completará no ano corrente
   se (I >= 18)
```

(Continua)

```
      então escreva ("Você já pode prestar exame de habilitação");
   fimse;
   se (I >= 16)
      então escreva ("Você já pode fazer seu título de eleitor");
   fimse;
fim.
```

Exercício 2.6 (página 46)

```
início
   inteiro: Cod; // código do produto
   leia (Cod);
   escolha (Cod)
      caso 1: escreva ("Alimento não-perecível");
      caso 2..4: escreva ("Alimento perecível");
      caso 5,6: escreva ("Vestuário");
      caso 7: escreva ("Higiene pessoal");
      caso 8..15: escreva ("Limpeza e utensílios domésticos");
      caso contrário: escreva ("Código invalido");
   fimescolha;
fim.
```

Exercício 2.7 (página 47)

```
início
   inteiro: I; // idade do nadador
   leia (I);
   escolha (I)
      caso 5..7: escreva ("Infantil A");
      caso 8..10: escreva ("Infantil B");
      caso 11..13: escreva ("Juvenil A");
      caso 14..17: escreva ("Juvenil B");
      caso contrário: início
                         se (I >= 18) // para evitar menores de    anos
                            então escreva ("Adulto");
                         fimse;
                      fim;
   fimescolha;
fim.
```

Exercício 2.8 (página 47)

```
início
   real: P; // preço do produto
         NP; // novo preço, conforme a condição escolhida
   inteiro: COD; // código da condição de pagamento
   leia (P, COD);
   escolha (COD)
      caso 1: início
                 NP ← P * 0.90; // desconto de 10
                 escreva ("Preço à vista com desconto = ", NP);
```

(Continua)

```
            fim;
      caso 2: início
               NP ← P * 0.95; // desconto de
               escreva ("Preço no cartão com desconto = ", NP);
            fim;
      caso 3: início
               NP ← P / 2; // duas vezes sem acréscimo
               escreva ("Duas parcelas de = ", NP);
            fim;
      caso 4: início
               NP ← (P * 1.10)/3; // acréscimo de 10
               escreva ("Três parcelas de = ", NP);
            fim;
      caso contrário: escreva ("Código inexistente!");
   fimescolha;
fim.
```

Exercício 2.9 (página 47)

```
início
   inteiro: X, Y; // operando de entrada de dados
   caracter: S; // símbolo da operação
   real: R; // resposta
   leia (X, Y, S);
   escolha (S)
      caso "+":  início
                    R ← X + Y;
                    escreva ("A soma resulta em ", R);
                 fim;
      caso "-":  início
                    R ← X - Y;
                    escreva ("A subtração resulta em ", R);
                 fim;
      caso "*":  início
                    R ← X * Y;
                    escreva ("A multiplicação resulta em ", R);
                 fim;
      caso "/":  início
                    se (Y=0)
                       então
                          escreva ("Denominador nulo!");
                       senão
                          início
                             R ← X / Y;
                             escreva ("A divisão resulta em ", R);
                          fim;
                    fimse;
                 fim;
      caso contrário: escreva ("Operação inexistente!");
```

(Continua)

```
    fimescolha;
fim.
```

Exercício 2.10 (página 47)

```
início
   real: P, // peso
         H, // altura
         IMC; //  MC calculado
   leia (P, H);
   IMC ← P / pot (H,2);
   se (IMC < 18,5)
      então escreva ("Condição : abaixo do peso");
      senão se ((IMC >= 18,5) e (IMC < 25))
               então escreva ("Condição : peso normal");
               senão se ((IMC >= 25) e (IMC < 30));
                        então escreva ("Condição : acima do peso");
                        senão escreva ("Condição : obeso");
                     fimse;
            fimse;
   fimse;
fim.
```

Exercício 3.1 (página 61)

a)	b)	c)	d)
1 2 3 4	1 2 3	1 2	1
2 3 4	2 3	2	
3 4	3	1	
4	1 2		
	2		

Exercício 3.2 (página 61)

```
início
   inteiro: N, // número fornecido pelo usuário
            R; // raiz inteira aproximada
   leia (N);
   R ← 0;
   repita
      R ← R + 1;
   até ((R * R) > N);
   R ← R – 1; // assim que a aproximação passar de N, voltar um
   escreva ("Inteiro aproximado da raiz quadrada de ", N, " é ", R);
fim.
```

Exercício 3.3 (página 61)

```
início
   inteiro: N, // número fornecido pelo usuário
            V; // variável de controle
   caracter: P; // auxiliar para verificação
```

(Continua)

```
   leia (N);
   P ← "S";
   // dividir N por todos os números de N 1   2
   para V de N - 1 até 2 passo -1 faça
      se (N mod V = 0)
         então P ← "N"; // se houver uma divisão inteira, não é primo
   fimpara;
   se (P = "S")
      então escreva ("O número", N, " é primo");
      senão escreva ("O número", N, " não é primo");
   fimse;
fim.
```

Exercício 3.4 (página 61)

```
início
   real: H; // resultado da série
   inteiro: N, // denominador fornecido pelo usuário
            V; // variável de controle
   leia (N);
   H ← 0;
   para V de 1 até H passo 1 faça
      H ← H + 1 / V;
   fimpara;
   escreva ("Resultado da série = ", H);
fim.
```

Exercício 3.5 (página 61)

```
início
   inteiro: N, // dado de entrada
            F, // resultado do fatorial de N
            V; // variável de controle
   leia (N);
   se (N = 0)
      então escreva ("Fatorial de ", N, " = 1");
      senão início
               F ← 1;
               para V de 1 até N passo 1 faça
                  F ← F * V;
               fimpara;
               escreva ("Fatorial de ", N, " = ", F);
            fim;
   fimse;
fim.
```

Exercício 3.6 (página 61)

```
início
   inteiro: A, B, C, // para calcular os termos da série
            V; // variável de controle
```

(Continua)

```
   A ← 1;
   B ← 1;
   escreva (A, B); // dois primeiros números da série
   para V de 3 até 20 passo 1 faça
      C ← A + B;
      escreva (C);
      A ← B;
      B ← C;
   fimpara;
fim.
```

Exercício 3.7 (página 61)

```
início
   inteiro: N, // número
            ME, // menor número do conjunto
            MA, // maior número do conjunto
            CON; // contador
   para CON de 1 até 20 passo 1 faça // 20 iterações
      leia (N);
      se (CON = 1) // é o primeiro valor?
         então
            início
               MA ← N; // maior valor recebe o primeiro valor
               ME ← N; // menor valor recebe o primeiro valor
            fim;
      fimse;
      se (N > MA) // o novo número é maior?
         então
            MA ← N; // atribui para maior o novo número
         senão
            se (N < ME) // o novo número é menor?
               então
                  ME ← N; // atribui para menor o novo número
            fimse;
      fimse;
   fimpara; // fim do laço de repetição
   escreva ("O maior número é = ",MA);
   escreva ("O menor número é = ",ME);
fim.
```

Capítulo 4

Exercício 1.1 (página 75)

a) 8	b) 3	c) 10	d) 21
e) 6	f) 3	g) 9	h) 33
i) 9	j) 6	l) 8	m) 6
n) 9	o) 9		

Exercício 1.2 (página 75)

```
início
   // definição dos tipos construídos
   tipo VETINT = vetor [1..20] de inteiros;
   tipo VETCAR = vetor [1..20] de caracteres;
   tipo VETREAL = vetor [1..20] de reais;
   // declaração das variáveis compostas
   VETINT: V1, V2; // vetores com os números inteiros
   VETCAR: VOper; // vetor com a operações
   VETREAL: VRes; // vetor com os resultados
   // declaração da variável simples
   inteiro: I; // índice para os vetores
   // ler os operandos e os operadores em V1, V per e V2
   para I de 1 até 20 faça
      leia (V1[I], VOper[I], V2[I]);
   fimpara;
   // calcular e mostrar o resultado de cada operação em V es
   para I de 1 até 20 faça
      escolha (VOper[I])
         caso "+": VRes[I] ← V1[I] + V2[I];
         caso "-": VRes[I] ← V1[I] - V2[I];
         caso "*": VRes[I] ← V1[I] * V2[I];
         caso "/": VRes[I] ← V1[I] / V2[I];
      fimescolha;
      escreva ("Resultado na posição ", I, " = ", VRes[I]);
   fimpara;
fim.
```

Exercício 1.3 (página 75)

```
início
   // definição do tipo construído vetor
   tipo VETREAL = vetor [1..20] de reais;
   // declaração das variáveis compostas
   VETREAL: VETA, VETB, VETR;
   // declaração das variáveis simples
   inteiro: I, J, K; // índices para os vetores
   // ler os valores em VETA e VETB
   para I de 1 até 20 faça
      leia (VETA[I], VETB[I]);
   fimpara;
   J ← 20; // última posição de VETB
   K ← 10; // posição do meio para VET
   //     1, primeira posição para VETA
   para I de 1 até 20 faça
      VETR[K] ← VETA[I] * VETB[J];
      // altern ncia de bordas para VET
      se (I mod 2 = 0)
         então K ← K - I;
```

(Continua)

```
            senão K ← K + I;
         fimse;
         J ← J - 1; // regressão para VETB
      fimpara;
   fim.
```

Exercício 1.4 (página 75)

```
início
   // definição do tipo vetor
   tipo VETINT = vetor [1..20] de inteiro;
   // declaração de variáveis
   VETINT: V; // vetor de entrada de dados
   inteiro: I, J, K, // índices
            AUX; // auxiliar para troca
   // laço para ler os valores de entrada do vetor V
   para I de 1 até 20 passo 1 faça
      leia (V[I]);
   fimpara;
   // ordenação do vetor
   para I de 1 até 19 passo 1 faça
      K ← I;
      AUX ← V[I];
      para J de I + 1 até 20 passo 1 faça
         se (V[J] < AUX)
            então
               início
                  K ← J;
                  AUX ← V[K];
               fim;
         fimse;
      fimpara;
      V[K] ← V[I];
      V[I] ← AUX;
   fimpara;
   // laço para mostrar o vetor V ordenado
   para I de 1 até 20 passo 1 faça
      escreva (V[I]);
   fimpara;
fim.
```

Exercício 1.5 (página 76)

```
início
   // definição do tipo vetor
   tipo VETINT = vetor [1..20] de inteiro;
   // declaração de variáveis
   VETINT: V; // vetor de entrada de dados
   inteiro: I, J, // índices
            AUX; // auxiliar para troca
```

(Continua)

```
   // laço para ler os valores de entrada do vetor V
   para I de 1 até 20 passo 1 faça
      leia (V[I]);
   fimpara;
   // ordenação do vetor
   para I de 2 até 20 passo 1 faça
      para J de 20 até 1 passo -1 faça
         se (V[J-1] > V[J])
            então // troca os valores de V    com V   1
               início // usando AU  como variável auxiliar
                  AUX ← V[J-1];
                  V[J-1] ← V[J];
                  V[J] ← AUX;
               fim;
         fimse;
      fimpara;
   fimpara;
   // laço para mostrar o vetor V ordenado
   para I de 1 até 20 passo 1 faça
      escreva (V[I]);
   fimpara;
fim.
```

Exercício 2.1 (página 83)

a) –3 b) 1 c) 0

d) 3 e) –1 f) 5

Exercício 2.2 (página 83)

a) Matriz MA

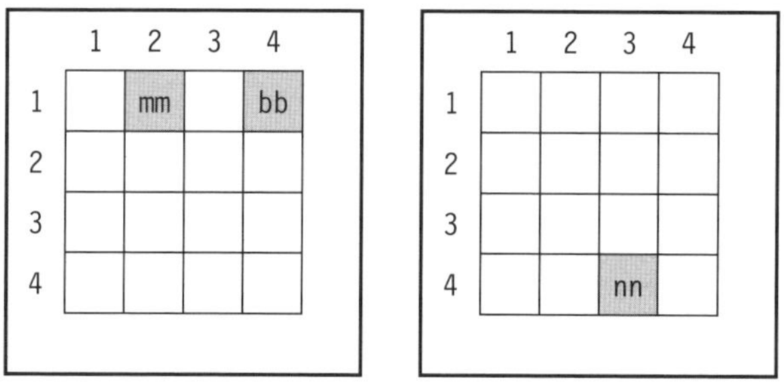

1 2

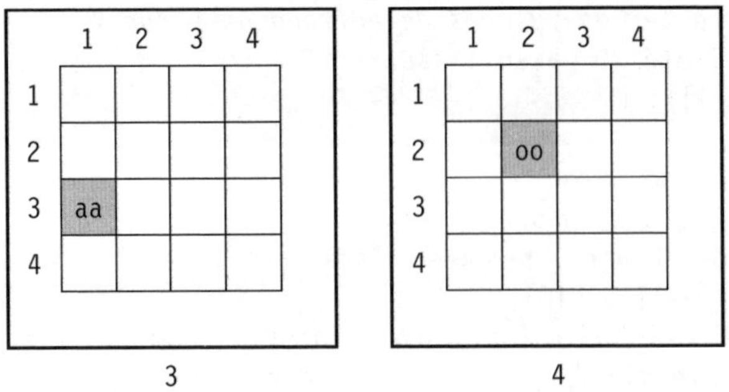

MA

b) Matriz MB

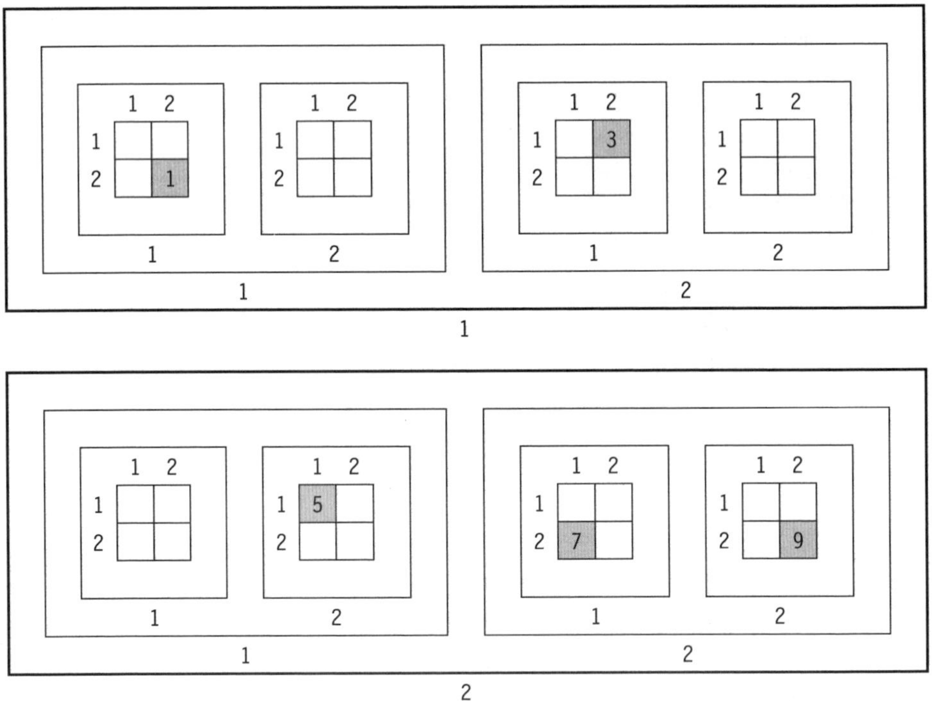

MB

Exercício 2.3 (página 84)

```
início
   // definição do tipo matriz
   tipo MAT1 = matriz [1..4,1..4,1..4] de caracteres;
   tipo MAT2 = matriz [1..4,1..4] de caracteres;
   // declaração da variável composta
   MAT1: MA;
   MAT2: Aux;
   // declaração das variáveis simples
   inteiro: I, J, K; // índices para as matrizes
```

(Continua)

```
    // ler MA linha por linha das matrizes bidimensionais
    para K de 1 até 4 faça
       para I de 1 até 4 faça
          para J de 1 até 4 faça
             leia (MA[I,J,K]);
          fimpara;
       fimpara;
    fimpara;
    // guardar a matriz 1 (primeira bi-dimensional) em Aux
    para I de 1 até 4 faça
       para J de 1 até 4 faça
          Aux[I,J] ← MA[I,J,1];
       fimpara;
    fimpara;
    // efetuar o deslocamento  direita (matriz 1 a  )
    para I de 1 até 4 faça
       para J de 1 até 4 faça
          para K de 1 até 3 faça
             MA[I,J,K] ← MA[I,J,K+1];
          fimpara;
       fimpara;
    fimpara;
    //  ecupera conteúdo da matriz 1 colocando-a em
    para I de 1 até 4 faça
       para J de 1 até 4 faça
          MA[I,J,4] ← Aux[I,J];
       fimpara;
    fimpara;
fim.
```

Exercício 2.4.a (página 84)

```
início
    // definição do tipo matriz
    tipo MAT = matriz [1..7,1..7] de inteiros;
    // declaração da variável composta
    MAT: M;
    // declaração das variáveis simples
    inteiro: I, J; // índices para a matriz
    // ler a matriz com os horários
    para I de 1 até 4 faça
       para J de 1 até 4 faça
          se (I = J) // valor nulo na diagonal principal
             então M[I,J] ← 0;
             senão leia (M[I,J]);
          fimse;
       fimpara;
    fimpara;
    // iterações para mostrar o tempo entre as localidades
```

(Continua)

```
   leia (I, J); // duas primeiras localidades
   enquanto (I <> J) faça // quando forem iguais, encerra-se o laço
      escreva ("Distancia entre as localidades = ",M[I,J]);
         leia (I, J);
   fimenquanto;
fim.
```

Exercício 2.4.b (página 84)

```
início
   // definição do tipo matriz
   tipo MAT = matriz [1..7,1..7] de inteiros;
   // declaração da variável composta
   MAT: M;
   // declaração das variáveis simples
   inteiro: I, J, // índices para a matriz
            Soma; // soma dos tempos do percurso
   Soma ← 0;
   leia (I); // primeira cidade, ponto de partida
   enquanto (I <> 0) faça // finalizador do laço
      leia (J);
      se ((I <> J) e (J <> 0))
         então Soma ← Soma + M[I,J],
      fimse;
      I ← J;
   fimenquanto;
   escreva ("Temp total do percurso = ",Soma);
fim.
```

Exercício 2.4.c (páginas 84-85)

```
início
   // definição do tipo matriz
   tipo MAT = matriz [1..7,1..7] de inteiros;
   // declaração da variável composta
   MAT: M;
   // declaração das variáveis simples
   inteiro: Origem, Op1, Op2, Destino, // cidades
            Soma1, Soma2; // percursos intermediários
   leia (Origem, Op1, Op2, Destino);
   Soma1 ← M[Origem,Op1] + M[Op1,Destino];
   Soma2 ← M[Origem,Op2] + M[Op2,Destino];
   se (Soma1 > Soma2)
      então escreva ("Melhor opção = ",Origem, Op1, Destino);
      senão se (Soma1 < Soma2)
               então escreva ("Melhor opção = ",Origem, Op2, Destino);
               senão escreva ("As duas opções consomem o mesmo tempo!");
            fimse;
   fimse;
fim.
```

Exercício 3.1 (página 93)

```
// definição do tipo registro
tipo regCheque = registro
                         real: Valor;
                         inteiro: Dia, Mês, Ano;
                         caractere: Nominal, Cidade;
                      fimregistro;
// declaração da variável composta do tipo registro definido
regCheque: Cheque;
```

Exercício 3.2 (página 93)

```
início
  // definição do tipo registro
  tipo regEmbarque =  registro
                         inteiro: NumPas, Idade;
                         caracter: Nome, Data, Origem, Destino, Hor;
                      fimregistro;
  // definição do tipo vetor
  tipo vetEmbarque = vetor [1..44] de regEmbarque;
  // declaração da variável composta vetor de registros
  vetEmbarque: Onibus;
  // declaração das variáveis simples
  inteiro: I, // índice para o vetor
           SI; // soma das idades
  real: MI; // média das idades
  // cálculo da soma das idades e da média
  SI ← 0;
  para I de 1 até 44 faça
     SI ← SI + Onibus[I].Idade;
  fimpara;
  MI ← SI / 44;
  escreva (MI);
  // mostrar os nomes
  para I de 1 até 44 faça
     se (Onibus[I].Idade > MI)
        então escreva (Onibus[I].Nome);
     fimse;
  fimpara;
fim.
```

Exercício 3.3 (página 93)

```
início
  // definição do tipo matriz
  tipo matDias = matriz [1..4,1..6] de inteiros;
  // definição do tipo registro
  tipo regProduto = registro
                         inteiro: Cod;
                         caracter: Nome;
```

(Continua)

```
                    real: Preço;
                    matDias: Baixa;
                fimregistro;
   // definição do tipo vetor
   tipo vetEstoque = vetor [1..500] de regProduto;
   // declaração da variável composta vetor de registros
   vetEstoque: Produto;
   // declaração das variáveis simples
   inteiro: K, // índice para o vetor
            I, J; // índices para as matrizes
   // ler e preencher o vetor
   para K de 1 até 500 faça
      Produto[K].Cod ← K;
      leia (Produto[K].Nome, Produto[K].Preço);
      para I de 1 até 4 faça
         para J de 1 até 6 faça
            Produto[K].Baixa[I,J] ← 0;
         fimpara;
      fimpara;
   fimpara;
fim.
```

EXERCÍCIO 3.4 (página 93)

```
início
   tipo matDias = matriz [1..4,1..6] de inteiros;
   tipo regProduto = registro
                    inteiro: Cod;
                    caracter: Nome;
                    real: Preço;
                    matDias: Baixa;
                fimregistro;
   tipo vetEstoque = vetor [1..500] de regProduto;
   vetEstoque: Produto;
   inteiro: K, I, J, // índices
            BM, // baixa mensal
            MB, // valor da maior baixa
            IM; // índice do produto mais vendido
   MB ← 0;
   IM ← 0;
   para K de 1 até 500 faça
      BM ← 0;
      // laço para calcular a baixa mensal do produto
      para I de 1 até 4 faça
         para J de 1 até 6 faça
            BM ← BM + Produto[K].Baixa[I,J];
         fimpara;
      fimpara;
      se (BM > MB)
```

(Continua)

```
         então início
                MB ← BM;
                IM ← K;
              fim;
      fimse;
   fimpara;
   se (IM > 0)
      então início
              escreva ("Produto mais vendido: ", Produto[IM].Nome);
              escreva ("Total das vendas: ", MB);
            fim;
      senão escreva ("Nenhuma baixa registrada");
   fimse;
fim.
```

Capítulo 5

Exercício 1.1 (página 112)

```
início
   tipo Livro = registro
                    inteiro: Código, Ano, Edição;
                    caracter: Título, Autor, Assunto, Editora;
                fimregistro;
   tipo ArqLivro = arquivo composto de Livro;
   Livro: Ficha;
   ArqLivro: Biblos;
   caracter: AssuntoDesejado;
   abra (Biblos);
   leia (AssuntoDesejado);
   repita
      copie (Biblos, Ficha);
      avance (Biblos);
      se Ficha.Assunto = AssuntoDesejado
         então escreva (Ficha.Código, Ficha.Título, Ficha.Autor,
                        Ficha.Editora, Ficha.Edição);
      fimse;
   até fda(Biblos) ou (Ficha.Assunto=AssuntoDesejado);
   feche (Biblos);
fim.
```

Exercício 1.2 (página 112)

```
início
   tipo Livro = registro
                    inteiro: Código, Ano;
                    caracter: Título, Autor, Assunto, Editora, Edição;
                fimregistro;
   tipo ArqLivro = arquivo composto de Livro;
```

(Continua)

```
   Livro: Ficha;
   ArqLivro: Biblos;
   inteiro: CódigoDesejado;
   caracter: Opção;
   abra (Biblos);
   leia (CódigoDesejado);
   repita
      copie (Biblos, Ficha);
      se ficha.Código = CódigoDesejado
         então início
                  escreva (Ficha.Título, Ficha.Autor,
                           Ficha.Editora, Ficha.Edição);
                  escreva ("Você deseja <A>lterar ou <E>xcluir ?");
                  repita
                     leia (Opção);
                        se (Opção<>"A") e (Opção<>"E")
                           então escreva ("Opção Inválida");
                        fimse;
                  até (Opção="A") ou (Opção="E");
                  se Opção="E"
                     então elimine (Biblos);
                     senão início
                              leia (Ficha.Título, Ficha.Autor,
                                    Ficha.Editora, Ficha.Edição,
                                    Ficha.Assunto, Ficha.Ano);
                              guarde (Biblos, Ficha);
                           fim;
                  fimse;
               fim;
      fimse;
   até fda(Biblos) ou (Ficha.Código=CódigoDesejado);
   se fda(Biblos)
      então início
               escreva ("Livro não encontrado !!");
               escreva ("Deseja incluir (S/N)?");
               leia (Opção);
               se Opção="S"
                  então início
                           leia (Ficha.Título, Ficha.Autor, Ficha.Editora,
                                 Ficha.Assunto, Ficha.Ano);
                           guarde (Biblos, Ficha);
                        fim;
               fimse;
      fim;
   fimse;
   feche (Biblos);
fim.
```

Exercício 2.1 (página 116)

```
início
   tipo aluno = registro
                  inteiro: Numero;
                  caracter: Nome;
                  real: N1, N2, N3, N4;
              fimregistro;
   tipo sala = arquivo composto de aluno;
   aluno: dados; // variável de registro
   sala: diario; // variável de arquivo
   inteiro: numeroAluno;
   real: Media;
   leia (numeroAluno);
   abra (diario);
   enquanto (numeroAluno <> 0)
      posicione (diario, numeroAluno);
      copie (diario, dados);
      escreva (dados); // mostra todos os dados do aluno
      Media ← (dados.N1 + dados.N2 + dados.N3 + dados.N4)/4;
      se (Media < 5)
         então escreva ("Situação: reprovado sem recuperação");
         senão se ((Media >= 5) e (Media < 7))
                  então escreva ("Situação: em recuperacao");
                  senão escreva ("Situação: aprovado por média");
                fimse;
      fimse;
      leia (numeroAluno); // ler numero do proximo aluno
   fimenquanto;
   feche (diario);
fim.
```

Exercício 2.2 (página 116)

```
início
   tipo aluno = registro
                  inteiro: Numero;
                  caracter: Nome;
                  real: N1, N2, N3, N4;
              fimregistro;
   tipo sala = arquivo composto de aluno;
   tipo matEquipe = matriz [1..8, 1..5] de inteiros;
   aluno: dados; // variável de registro
   sala: diario; // variável de arquivo
   matEquipe: equipe; // matriz com numeros dos membros das   equipes
   inteiro: I,J; // índices para a matriz de equipes
   real: MediaInd, // para calculo da média de cada aluno
         MediaEq; // para calculo da média de cada equipe
   para I de 1 até 8 faça //   varia de equipe em equipe
```

(Continua)

```
      para J de 1 até 5 faça //  varia entre os membros da equipe
         leia (equipe[I,J]); // ler numero do membro da equipe
      fimpara;
   fimpara;
   abra (diario);
   para I de 1 até 8 faça //  varia de equipe em equipe
      MediaEq ← 0;
      para J de 1 até 5 faça //  varia entre os membros da equipe
         posicione (diario, equipe[I,J]);
         copie (diario, dados);
         MediaInd ← (dados.N1 + dados.N2 + dados.N3 + dados.N4)/4;
         MediaEq ← MediaEq + MediaInd; // somar as medias dos membros
      fimpara;
      MediaEq ← MediaEq/5; // calcular a média da equipe
      escreva ("Média da equipe", I, " = ", MediaEq);
   fimpara;
   feche (diario);
fim.
```

EXERCÍCIO 3.1 (página 118)

```
início
   tipo aluno = registro
                     inteiro: RG, Mat, Curso;
                     caracter: Nome, DataNasc, Sexo;
                 fimregistro;
   tipo faculdade = arquivo composto de aluno;
   aluno: dados; // variável de registro
   faculdade: matriculas; // variável de arquivo
   inteiro: listarCurso;
   para listarCurso de 1 até 3 passo 1 faça
      escreva ("Alunos do curso ", listarCurso);
      abra (matriculas);
      repita
         copie (matriculas, dados);
         se (dados.Curso = listarCurso)
            então escreva (dados.Nome);
         fimse;
         avance (matriculas);
      até (fda(matriculas));
      feche (matriculas);
   fimpara;
fim.
```

EXERCÍCIO 3.2 (página 118)

```
início
   // definição dos tipos registro
   tipo aluno = registro
                     inteiro: RG, Mat, Curso;
```

(Continua)

```
                    caracter: Nome, DataNasc, Sexo;
                fimregistro;
    tipo regCursos = registro
                        inteiro: Cod;
                        caracter: NomeCurso;
                     fimregistro;
    // definição dos tipos arquivo
    tipo arqCursos = arquivo composto de regCursos;
    tipo faculdade = arquivo composto de aluno;
    // variáveis de registro
    aluno: dados;
    regCurso: rCursos;
    // variáveis de arquivo
    faculdade: matriculas;
    arqCurso: aCursos;
    abra (matriculas);
    abra (aCursos);
    repita
       copie (matriculas, dados);
       se (dados.Sexo = "M")
          então início
                   posicione (aCursos, dados.Curso)
                   copie (aCursos, rCurso)
                   escreva (dados.Nome);
                   escreva (rCurso.NomeCurso);
                fim;
       fimse;
       avance (matriculas);
    até (fda(matriculas));
    feche (matriculas);
    feche (aCursos);
    fimpara;
fim.
```

Exercício 4.1 (página 121)

```
início
    tipo RegFunc = registro
                      caracter: Nome, Cargo, Ender, Bairro;
                      inteiro: Cpf, Tel, Cep, NDep, AnoAdm, AnoDemis;
                      real: Salario;
                   fimregistro;
    tipo RegCod = registro
                     inteiro: Posição;
                  fimregistro;
    tipo Funcionário = arquivo composto de RegFunc;
    tipo Índice = arquivo composto de RegCod;
    Funcionário: ArqFunc;
    Índice: ArqInd;
```

(Continua)

```
   RegFunc: Aux1;
   RegCod: Aux2;
   inteiro: UltimoAno, ContReg, Cont;
   abra (ArqFunc);
   abra (ArqInd);
   UltimoAno ← 0;
   ContReg ← 0;
   enquanto não fda(ArqFunc) faça
      copie (ArqFunc, Aux1);
      avance (ArqFunc);
      ContReg ← ContReg+1;
      se (Aux1.AnoAdm <> UltimoAno)
         então início
                    Cont ← 1;
                    UltimoAno ← Aux1.AnoAdm;
                fim;
         senão Cont ← Cont+1;
      fimse;
      Aux2.Posicao ← ContReg;
      posicione (ArqInd,(Aux1.AnoAdm*1000+Cont)–2001000);
      guarde (ArqInd,Aux2);
   fimenquanto;
   feche (ArqFunc);
   feche (ArqInd);
fim.
```

Exercício 4.2 (página 121)

```
início
   tipo RegFunc = registro
                     caracter: Nome, Cargo, Ender, Bairro, EstCivil,
                     inteiro: CPF, Tel, Cep, NDep, AnoAdm, AnoDemis, Setor;
                     real: Salario;
                  fimregistro;
   tipo RegCod = registro
                    inteiro: Posição;
                 fimregistro;
   tipo Funcionário = arquivo composto de RegFunc;
   tipo Índice = arquivo composto de RegCod;
   Funcionário: ArqFunc;
   Índice: ArqInd;
   RegFunc: Aux1;
   RegCod: Aux2;
   inteiro: CodFunc;
   caracter: Op;
   abra (ArqFunc);
   abra (ArqInd);
   leia (CodFunc);
   posicione (ArqInd, CodFunc - 2001000);
```

(Continua)

```
   copie (ArqInd, Aux2);
   posicione (ArqFunc, Aux2.Posição);
   copie (ArqFunc, Aux1);
   Aux1.NDep ← Aux1.Ndep + 1;
   escreva ("Funcionario ", Aux1.Nome, " passou a ter ", Aux1.NDep);
   escreva ("Seu atual estado civil: ", Aux1.EstCivil);
   escreva ("Deseja atualizar <S/N>: ");
   leia (Op);
   se (OP = "S")
      entao leia (Aux1.EstCivil);
   fimse;
   guarde (ArqFunc,Aux1);
   feche (ArqFunc);
   feche (ArqInd);
fim.
```

Capítulo 6

Exercício 1.1 (página 140)

a)

Local	A	B	C	D	E
Principal	1	2	3	–	–
Um	2	3	3	5	–
Dois	2	3	5	6	7
Três	2	3	5	7	8

b)

Local	A	B	C	D	E
Principal	5	10	7	–	–
Dois	35	10	7	37	9
Três	35	14	7	10	9
Um	14	10	13	–	–

Exercício 2.1 (página 146)

a) 17
b) 3
c) 53
d) 9

Exercício 2.2 (página 146)

a) 13
b) 1
c) 18

Exercício 3.1 (página 148)

```
módulo Crescente (inteiro: A, B, C);
   se (A<B) e (B<C)
      então escreva (A,B,C);
   fimse;
   se (A<C) e (C<B)
      então escreva (A,C,B);
```

(Continua)

```
   fimse;
   se (B<A) e (A<C)
      então escreva (B,A,C);
   fimse;
   se (B<C) e (C<A)
      então escreva (B,C,A);
   fimse;
   se (C<A) e (A<B)
      então escreva (C,A,B);
   fimse;
   se (C<B) e (B<A)
      então escreva (C,B,A);
   fimse;
fimmódulo;
```

EXERCÍCIO 3.2 (página 148)

```
início
   tipo regDados = registro
                       inteiro: Idade, RG;
                       caracter: Nome, Sexo;
                       real: Altura;
                    fimregistro;
   tipo vetDados = vetor [1..100] de regDados;
   vetDados: Dados;

   módulo LerDados;
      inteiro: I; // variável local, índice do vetor
      para I de 1 até 100 passo 1 faça
         // acesso a variável composta global Dados
         leia (Dados[I].Idade, Dados[I].RG, Dados[I].Nome);
         leia (Dados[I].Sexo, Dados[I].Altura);
      fimpara;
   fimModulo;

   módulo CoincideDados (inteiro: I, J);
      se (Dados[I].Nome = Dados[J].Nome)
         então escreva ("Coincide o nome: ",Dados[I].Nome);
      fimse;
      se (Dados[I].Altura = Dados[J].Altura)
         então escreva ("Coincide o altura: ",Dados[I].Altura);
      fimse;
      se (Dados[I].Sexo = Dados[J].Sexo)
         então escreva ("Coincide o sexo: ",Dados[I].Sexo);
      fimse;
      se (Dados[I].Idade = Dados[J].Idade)
         então escreva ("Coincide a idade: ",Dados[I].Idade);
      fimse;
   fimModulo;
```

(Continua)

```

   módulo MostraDados (caracter: nomeProcurado);
      inteiro: I, Con;
      Con ← 0;
      para I de 1 até 100 faça
         se (Dados[I].Nome = nomeProcurado)
            então início
                        escreva (Dados[I].Sexo, Dados[I].Idade);
                        Con ← Con + 1;
                     fim;
         fimse;
      fimpara;
      se (Con > 0)
         então escreva ("Quantidade de pessoas encontradas: ", Con);
         senão escreva ("Nenhuma pessoa registrada com este nome");
      fimse;
   fimModulo;
   // chamada dos módulos, os par metros são constantes de exemplo
   LerDados;
   CoincideDados (15, 63);
   MostraDados ("Astrogilda");

fim.
```

Exercício 4.1 (página 152)

```
módulo QtdDigitos (inteiro: Num);
   inteiro: Cont;
   Cont ← 0;
   enquanto (Num div pot(10,Cont)) > 0 faça
      Cont ← Cont+1;
   fimenquanto;
   retorne (Cont);
fimmódulo;
```

Exercício 4.2 (página 152)

```
módulo Inverso (inteiro: Num);
   inteiro: Qtd, i, Invertido;
   Invertido ← 0;
   Qtd ← QtdDigitos(Num)
   para i de 0 até Qtd–1 faça
      Invertido ← Invertido + (((Num div pot(10,i)) mod 10)*
                                  (pot(10,(Qtd–i–1))));
   fimpara;
   retorne (Invertido);
fimModulo;
```

Note que nesse módulo foi utilizado outro módulo (QtdDigitos), definido no exercício anterior.

Exercício 4.3 (página 152)

```
módulo DigitoVer (inteiro: NumConta);
   inteiro: Soma1, Soma2, I;
   Soma1 ← NumConta + Inverso (NumConta);
   Soma2 ← 0;
   para I de QtdDigitos (NumConta) até 1 passo –1 faça
      Soma2 ← Soma2 + ((Soma1 mod 10) * I);
      Soma1 ← Soma1 div 10;
   fimpara;
   retorne (Soma2 mod 10);
fimModulo;
```

Capítulo 7

Exercício 1.1.a (página 163)

Para a resolução deste exercício utilizaremos a mesma definição global para a lista de nomes, utilizada no livro, assim como as demais convenções adotadas.

```
módulo Imprime;
   inteiro: i; // variável local, índice para o vetor
   se (começo = 0)
      então escreva ("A lista está vazia !");
      senão início
               i ← começo;
               enquanto (i <> 0) faça
                  escreva (lista[i].nome);
                     i ← lista[i].prox;
               fimenquanto;
            fim;
   fimse;
fimmodulo;
```

Exercício 1.1.b (página 163)

Agora utilizaremos os módulos de manipulação de listas já definidos.

Dado que uma operação de inserção deve manter a lista na sua ordem alfabética, utilizaremos um módulo para encontrar a posição de inserção, e outro para efetuar a inserção propriamente dita.

```
módulo Posição (caracter: nomeNovo);
   inteiro: i, j; // variável local, índices para o vetor
   se (começo = 0)
      então retorne(0);
      senão
         início
            j ← começo;
            enquanto ((lista[j].nome < nomeNovo) e
```

(Continua)

```
                    (lista[j].prox <> 0)) faça
              i ← j; // guarda posição do anterior
              j ← lista[j].prox; // próximo elemento
           fimenquanto;
           retorne (i);
        fim;
   fimse;
fimmodulo;

módulo InsereAlfabetico (caracter: nome);
   inteiro: aux;
   aux ← Posição(nome);
   se (aux = começo)
      então Insere(nome, começo);
      senão Insere(nome, lista[aux].prox);
   fimse;
fimmódulo;
```

Exercício 1.1.c (página 163)

A exclusão de elementos de uma lista ordenada alfabeticamente, não altera a sua ordenação. Poderia até ser utilizado o mesmo módulo Remove do livro, entretanto continuaria sendo necessário localizar o elemento a ser removido, entre outros tratamentos. Demos preferência para a construção de um módulo especializado.

```
módulo RemoveAlfabetico (caracter: nomeProcurado);
   inteiro: i, j; // variável local, índices para o vetor
   se (começo = 0)
      então escreva ("A lista está vazia !");
      senão
         início
           j ← começo;
           enquanto ((lista[j].nome <> nomeProcurado) e
                    (lista[j].prox <> 0)) faça
              i ← j; // guarda posição do anterior
              j ← lista[j].prox; // próximo elemento
           fimenquanto;
           se (lista[j].nome <> nomeProcurado)
              então escreva ("Nome não pertence a lista!");
              senão se (j = começo)
                       então começo ← lista[j].prox;
                       senão lista[i].prox ← lista[j].prox;
                    fimse;
           fimse;
        fim;
   fimse;
fimmodulo;
```

Exercício 1.1.d (página 163)

A alteração de um nome da lista ordenada, pode interferir na sua ordenação, por exemplo caso o nome alterado seja muito diferente do nome anterior. Uma solução seria remover o nome antigo e incluir o nome alterado. Para tanto, basta utilizarmos os módulos definidos nos exercícios anteriores (1.1.c e 1.1.b).

```
módulo AlteraAlfabetico (caracter: nomeProcurado, nomeNovo);
    RemoveAlfabetico(nomeProcurado);
    InsereAlfabetico(nomeNovo);
fimmódulo;
```

Lista de algoritmos

Capítulo 1

Capítulo 3

Capítulo 7

Bibliografia

AMARAL Fº, Antonio Rubens Anciães. *Projeto estruturado: ferramentas e técnicas.* Rio de Janeiro: LTC, 1988.

FARRER, Harry. *Algoritmos estruturados.* Rio de Janeiro: Guanabara, 1986.

FELICIANO Nt, Acácio. *Engenharia da informação: metodologia, técnicas e fundamentos.* São Paulo: McGraw-Hill, 1988.

GUIMARÃES, Ângelo de Moura. *Algoritmos e estruturas de dados.* Rio de Janeiro: LTC, 1985.

KELLER, Robert. *Análise estruturada na prática.* São Paulo: Addison-Hill, 1990.

KNUTH, Donald E. *The art of computer programming.* Addison-Wesley Publishing, 1975.

PAGE-JONES, Meilir. *Projeto estruturado de sistemas.* São Paulo: McGraw-Hill, 1988.

WARNIER, Jean-Dominique. *Lógica de construção de programas: um método de programação estruturada.* Rio de Janeiro: Campus, 1986.

WIRTH, Niklaus. *Algorithms + data structure = programs.* Prentice-Hall, 1976.

YOURDON, Edward. *Administrando técnicas estruturadas.* Rio de Janeiro: Campus, 1988.

Índice remissivo